STARK in KLASSENARBEITEN

Erzählen

Beate Wolfsteiner

5.–6. Klasse

STARK

Bildnachweis
Umschlag: © Vladyslav Danilin/Dreamstime.com
S. 1: © Can Stock Photo/kryzhov (links), © Getty Images/Fuse (rechts)
S. 2: © picture alliance/dpa
S. 6: © Michael G. Mill. Shutterstock
S. 7: © Elena Elisseeva. Shutterstock
S. 8: © 123rf.com
S. 12/13: © Woodhouse. Shutterstock
S. 14: © Zacarias Pereira da Mata. Shutterstock
S. 19: © file404. Shutterstock
S. 24: Illustration von Marc-Alexander Schulze aus: Brüder Grimm - Die schönsten Märchen für Groß und Klein. © ellermann im Dressler Verlag GmbH, Hamburg 2014, ISBN 978-3-7707-2486-4
S. 26: © Can Stock Photo/RaStudio
S. 28: © pandavector - Fotolia.com
S. 29: © Shivani Anshuk. Pearson India Education Services Pvt. Ltd
S. 31: © amarillu - Fotolia.com
S. 32: © kharlamova_lv - Fotolia.com
S. 33: © Paul Hasas/123rf.com (links), © isitsharp/iStockphoto.com (rechts)
S. 34/35/111: CALVIN AND HOBBES © 1986 Watterson. Reprinted with permission of UNIVERSAL UCLICK. All rights reserved. Deutsche Übersetzung entnommen aus: Bill Watterson: Calvin und Hobbes. Von Monstern, Mädchen und besten Freunden. Aus dem Amerikanischen von Waltraud Götting. Carlsen Comics © Carlsen Verlag GmbH Hamburg 2009, S. 39
S. 36: © e.o. plauen „Vater und Sohn" in Gesamtausgabe Erich Ohser, Südverlag GmbH, Konstanz 2000
S. 39: © Alexandra Petruk. Shutterstock
S. 43: © Image 100. Corbis. Glow Images
S. 44: © Can Stock Photo/jgroup
S. 45: © 123rf.com
S. 46: © Jiri Hera. Shutterstock
S. 49: © Hytrion; CC BY-SA 3.0
S. 50/116: © Pearson Education, Inc.
S. 51: © Palabra - Fotolia.com
S. 52: © Jürgen Heinrich/Süddeutsche Zeitung Photo
S. 54: © BluedarkArt - Fotolia.com
S. 56: © Maxim Pavlov/iStockphoto.com
S. 57: © lado2016 - Fotolia.com
S. 58: © Debanjan Basak. Pearson India Education Services Pvt. Ltd
S. 61: © Can Stock Photo/sborisov
S. 63: © 123rf.com
S. 66: © Maksim Pasko/Dreamstime.com
S. 67: © 123rf.com
S. 69: © Can Stock Photo/brookebecker
S. 70: © Can Stock Photo/Almaviva
S. 71: © Volosina. Shutterstock
S. 73: © Jearu. Shutterstock
S. 74: © Can Stock Photo/g215
S. 75: © 123rf.com
S. 77: © Imago/United Archives
S. 78: © 123rf.com
S. 79: © namosh - Fotolia.com
S. 80: © egal. 123rf.com (links), © Bruce Rolff. Shutterstock (rechts)
S. 85: © Sergey Nivens. Shutterstock
S. 86: © Popova Olga - Fotolia.com
S. 88: © andreiuc88. Shutterstock
S. 89: © Alex Kalmbach/iStockphoto.com
S. 90: © dean bertoncelj. Shutterstock
S. 92: © 123rf.com

www.stark-verlag.de

Inhaltsverzeichnis

Vorwort

Von Erlebnissen und Ereignissen erzählen **1**

1 Mündliches und schriftliches Erzählen unterscheiden 2
2 Die Erzählung logisch aufbauen 5
3 Die Einleitung verfassen 8
4 Anschaulich und spannend erzählen:
Stil und sprachliche Gestaltung 9
5 Innere und äußere Handlung darstellen 13
6 Den Höhepunkt ausgestalten 15
7 Den Schluss formulieren 17
8 Einen Titel finden 18
9 Die eigene Erzählung überarbeiten 19

Test 1 21

Nach Vorgaben und Impulsen erzählen **23**

1 Eine Geschichte nacherzählen 23
2 Nach Bildern erzählen 29
3 Reizwortgeschichten erzählen 40

Test 2 48

Zu vorhandenen Textteilen erzählen **51**

1 Einen Erzählkern ausgestalten 51
2 Einen Erzählanfang weiterschreiben 57

Test 3 64

Nach literarischen Mustern erzählen **67**

1 Eine Schildbürgergeschichte verfassen 67
2 Ein Märchen oder eine Fantasygeschichte schreiben 75

Test 4 81

Schildern, inneren Monolog und erlebte Rede nutzen **85**

Test 5 94

Überarbeitungsbogen für die eigene Erzählung **96**

Lösungen **99**

Autorin: Dr. Beate Wolfsteiner

Übersicht über die Symbole

Die einzelnen Aufgaben der Kapitel führen dich Schritt für Schritt zu einem bestimmten Ziel hin: dem vollständigen Aufsatz. Welches dein jeweiliges **Schreibziel** ist, erfährst du immer von der Eule mit dem Stift.

Verschiedene **Tipp**-Eulen weisen dich auf Wichtiges und Besonderheiten hin oder sie geben dir zusätzliche Informationen.

Diese Eulen weisen dir den Weg, um bestimmte Inhalte noch einmal an einer anderen Stelle im Buch nachzuschlagen. Achte auf die Richtung, die der **Wegweiser** dir anzeigt!

Hier erhältst du Tipps für schöne Bücher mit spannenden Geschichten **zum Weiterlesen**.

In den **Tests** weist dich die Uhren-Eule auf die **Zeit** hin, die zum Lösen der Aufgaben vorgesehen ist.

Bei der Siegereule findest du einen **Bewertungsvorschlag**, um deine Leistung in den Tests anhand der erreichten Punktzahl einschätzen zu können.

Vorwort

Liebe Schülerin, lieber Schüler,

Geschichten erzählen kann doch jeder? Tatsächlich steckt unser Alltag voller Erzählungen – vom letzten Wochenende, zum Einschlafen, in Büchern, Comics und Filmen werden Geschichten erzählt. Doch nicht jede ist auch gelungen.

Was auf den ersten Blick einfach erscheint, erfordert in Wahrheit **Übung** und das **Wissen** darüber, wie man eine Geschichte so gestaltet, dass sie den Leser oder Zuhörer „packt", ihn mitfiebern lässt oder ihn zum Lachen bringt.

Besonders in der Schule wird von dir erwartet, dass du ganz bestimmte **Erzählformen** beherrschst, z. B. das Nacherzählen, das Erzählen von Reizwortgeschichten oder Märchen. Wie all das geht, erfährst du in diesem Band. Er bringt Licht ins Dunkel des „Erzähldschungels" und gibt dir die Möglichkeit, das Erzählen **selbstständig zu trainieren**.

- Übersichtliche **Wissenskästen** erläutern dir wichtige Regeln und Lerninhalte auf verständliche Weise.
- Nützliche **Tipps** und anschauliche **Beispiele** helfen dir, den Lernstoff zu verstehen und ihn dir einzuprägen.
- Mit abwechslungsreichen **Texten** und **Übungen** kannst du das Gelernte Schritt für Schritt anwenden und gewinnst so zunehmend Sicherheit. 10
  Bei einigen Aufgaben handelt es sich um sogenannte **differenzierende Aufgaben**. Hier hast du die Wahl zwischen zwei Schwierigkeitsgraden, also einer leichteren Variante (grüne Aufgabennummer) und einer schwierigeren (rot umrandete Aufgabennummer). 10
- Damit du deinen Leistungsstand **selbst überprüfen** kannst, gibt es am Ende jedes Kapitels einen **Test**. Versuche, ihn in der vorgegebenen Zeit zu bearbeiten.
  Um deine Aufsätze selbst einzuschätzen, steht dir ein **Überarbeitungsbogen** zur Verfügung. Hier kannst du die erforderlichen Kriterien abhaken und siehst so, ob dein Text gelungen ist oder ob du noch nachbessern solltest.

- Im hinteren Teil des Buches findest du **Lösungsvorschläge** zu allen Aufgaben und Tests. Denke daran, dass es beim Schreiben eigenständiger Texte mehr als nur eine richtige Lösung gibt. Die abgedruckten Aufsätze oder Aufsatzteile sind nur Beispiele dafür, wie eine entsprechende Erzählung aussehen kann. Wenn dir ein Lösungsvorschlag einmal „zu perfekt" erscheint, dann lass dich nicht entmutigen, sondern hole dir davon Anregungen, wie du selbst geschickt formulieren und spannend erzählen kannst.

Viel Freude beim Trainieren und viel Erfolg in deinen Klassenarbeiten und Schulaufgaben wünschen dir der Verlag und die Autorin!

Von Erlebnissen und Ereignissen erzählen

Erzählen kann man vieles: **wahre, selbst erlebte oder erfundene Geschichten**, Geschichten, die sich tatsächlich ereignet haben, oder Fantasiegeschichten. Die Form des Erzählens kann dabei unterschiedlich sein: Am häufigsten erzählt man mündlich im Gespräch mit anderen Menschen, zum Beispiel von der letzten Klassenparty oder vom Urlaub, Witze oder Gute-Nacht-Geschichten. Schriftlich wird z. B. in Briefen oder in Büchern erzählt. Ein guter Erzähler bemüht sich, **interessant und spannend** zu erzählen und so die Zuhörer oder Leser mit seiner Geschichte zu packen.

WISSEN

Merkmale des Erzählens

- Eine Erzählung ist die **mündliche oder schriftliche** Darstellung von **wirklichen oder erfundenen** Ereignissen.
- Eine Erzählung hat einen klaren, für den Zuhörer oder Leser **nachvollziehbaren Aufbau** mit Einleitung, Hauptteil und Schluss.
- Die Sprache ist **anschaulich** und **abwechslungsreich**.
- Zeitform ist in der Regel das **Präteritum**.

In diesem Kapitel erfährst du, was für **jede Art von Erzählung**, die du schreibst, wichtig ist. TIPP

1 Mündliches und schriftliches Erzählen unterscheiden

In *Der kleine Nick* erzählt ein Junge von seinen Erlebnissen.

1 Lies den Anfang der Geschichte *Ferienerinnerungen*. Was fällt dir auf? Achte besonders auf die Sprache und den Aufbau der Erzählung.

Ferienerinnerungen

Ich bin wieder aus den Ferien zurück – ich war in einem Lager, und es war klasse. Als wir mit dem Zug angekommen sind, waren unsere Papas und unsere Mamas schon am Bahnhof und haben auf uns gewartet. Das war prima! Alle haben geschrien, und manche haben geheult, weil sie ihre Mamas und Papas noch nicht gefunden hatten, andre haben gelacht, weil sie sie schon gefunden hatten. Die Gruppenchefs, die mit uns gefahren sind, die haben gepfiffen, damit wir uns in Reihen aufstellen, und die Bahnbeamten haben gepfiffen, damit die Gruppenchefs nicht pfeifen, nämlich, sie haben Angst gehabt, dass ein Zug zu früh abfährt, und das war ganz prima, nee, wirklich! Ich bin Mama in die Arme gesprungen und dann auch Papa, und wir haben uns einen Kuss gegeben, und sie haben zu mir gesagt, ich bin tatsächlich größer geworden und ganz braun.

Aus: René Goscinny/Jean-Jacques Sempé: Der kleine Nick und die Ferien. Aus dem Französischen von Hans Georg Lenzen. Copyright der deutschsprachigen Ausgabe © 1976, 2003 Diogenes Verlag AG Zürich

Mehr vom kleinen Nick erfährst du im oben genannten Buch und in
Der kleine Nick und die Mädchen. Von René Goscinny u. Jean-Jacques Sempé. Zürich: Diogenes.

Der Autor, René Goscinny, lässt seinen kleinen Nick **„mündlich“** erzählen, also so, wie es dem Jungen offensichtlich gerade in den Sinn kommt. Er erzählt relativ unzusammenhängend, mit vielen spontanen Einschüben und Ausdrücken aus der Umgangssprache. Hier wurde diese Erzählweise absichtlich gewählt, weil sie für den Leser lustig ist. Meist sind **schriftliche Erzählungen** aber **anders** gestaltet.

WISSEN

Mündliches Erzählen

- **Wortschatz:** häufig Umgangssprache, Ausrufe, Wiederholungen
- **Satzbau:** viele Hauptsätze, häufig mit *und* verbunden, oft Einschübe, auch grammatische Fehler
- **Zeitform:** unterschiedlich, häufig Perfekt
- **Aufbau:** eher spontan, sprunghaft, folgt Gedankenverbindungen

Schriftliches Erzählen

- **Wortschatz:** Standardsprache, Umgangssprache nur in wörtlicher Rede
- **Satzbau:** abwechslungsreich, Haupt- und Nebensätze, verbunden durch passende Konjunktionen (z. B. *als, weil, obwohl*), grammatisch korrekt
- **Zeitform:** Präteritum und Plusquamperfekt
- **Aufbau:** klar, zielstrebig, logisch

2 Was in Nicks *Ferienerinnerungen* (S. 2) ist typisch für die mündliche Erzählweise? Benenne bei jeder Textstelle die Kennzeichen mündlichen Erzählens. Ein Beispiel ist schon eingetragen. Schreibe die Textstelle dann so um, dass sie zu einer schriftlichen Erzählung passt.

Mündliche Erzählweise	Kennzeichen	Schriftliche Erzählweise
Als wir mit dem Zug angekommen sind, waren unsere Papas und Mamas schon am Bahnhof und haben auf uns gewartet. *(Z. 2/3)*	Zeitform: Perfekt (statt Präteritum)	
... das war ganz prima, nee, wirklich! *(Z. 8/9)*		
... nämlich, sie haben Angst gehabt, dass ein Zug zu früh abfährt ... *(Z. 8)*		
Ich bin Mama in die Arme gesprungen und dann auch Papa, und wir haben uns einen Kuss gegeben, und sie haben zu mir gesagt, ich bin tatsächlich größer geworden und ganz braun. *(Z. 9–11)*		

Vertiefe dein Wissen

Der kleine Nick trifft nun im Garten seine Freundin Marie-Hedwig und erzählt ihr von seinen Ferien.

„Hast du schöne Ferien gehabt?“, hat Marie-Hedwig gefragt. „Superklasse!“, habe ich gesagt. „[...] Wir haben unheimlich tolle Sachen gemacht, und ich, ich hab zwei Mann retten müssen, die beinah ertrunken wären.“

„Du schwindelst ja“, hat Marie-Hedwig gesagt.

„Schwindeln ... ich?“, habe ich gerufen. „Überhaupt, es waren drei Mann, nicht zwei, ich habe einen vergessen! Und beim Fischen, da habe ich den Wettbewerb gewonnen: Ich hab einen Fisch rausgeholt – sooo groß!, und ich habe die Arme ausgebreitet, so weit ich konnte. Aber Marie-Hedwig hat angefangen zu lachen, so, als wenn sie mir nicht glaubt. Das hat mit nicht gefallen, nee, wirklich mit Mädchen ist nicht zu reden. Da hab ich ihr erzählt, wie ich der Polizei geholfen habe, einen Dieb festzunehmen, der sich im Lager versteckt hatte, und wie ich einmal bis zum Leuchtturm geschwommen bin und zurück, und alle waren schon ganz beunruhigt, ob ich wieder an Land komme, und alle haben mir gratuliert und haben gesagt, ich bin ein Meister großer Klasse. Und dann das andere Mal, wo alle Kameraden sich im Wald verlaufen haben, wo ganz viel wilde Tiere waren, und ich hab sie wieder rausgeholt.

3 Sicher ist dir aufgefallen, dass Nick seiner Freundin imponieren will und dass er deshalb maßlos übertreibt bzw. einfach Geschichten erfindet. Eigentlich erzählt er nicht eine, sondern fünf Geschichten. Welche? Schreibe die Themen kurz auf.

1 *Die Rettung der Ertrinkenden*

2 ______________________________

3 ______________________________

4 ______________________________

5 ______________________________

Schreibziel **Aufgaben 4–16**

Erzähle die Geschichte *Nick schwimmt zum Leuchtturm.*
Der Text soll im schriftlichen Erzählstil und in der Ich-Form verfasst sein.
Wichtig: Es soll keine Lügengeschichte werden, verzichte also darauf, wie der kleine Nick zu übertreiben.

2 Die Erzählung logisch aufbauen

Eine gelungene Erzählung besteht aus **Einleitung**, **Hauptteil** mit **Höhepunkt** und **Schluss**. Du kennst vielleicht die sogenannte Erzählmaus, die für diesen Aufbau steht. Man kann ihn auch in Form eines Dreiecks darstellen.

WISSEN

Der Aufbau einer Erzählung

- Die **Einleitung** führt in das Geschehen ein und beantwortet die **W-Fragen** (Wer?, Wann?, Wo?, eventuell Was? und Warum?).
- Im **Hauptteil** wird das **Ereignis**, um das es geht, in der richtigen zeitlichen Reihenfolge erzählt. Die **einzelnen Erzählschritte** bauen logisch aufeinander auf. (Was passiert als Erstes? Was folgt als Nächstes? usw.)
- An der spannendsten Stelle des Hauptteils steht der **Höhepunkt**.
- Der **Schluss** stellt kurz den **Ausgang** des Geschehens dar und rundet die Erzählung ab, z. B. durch die Darstellung von Folgen, einer Einsicht oder Ähnlichem.

Damit die Geschichte logisch und verständlich wird und du den „roten Faden" nicht aus den Augen verlierst, erstellst du vor der Niederschrift einen **Schreibplan**.

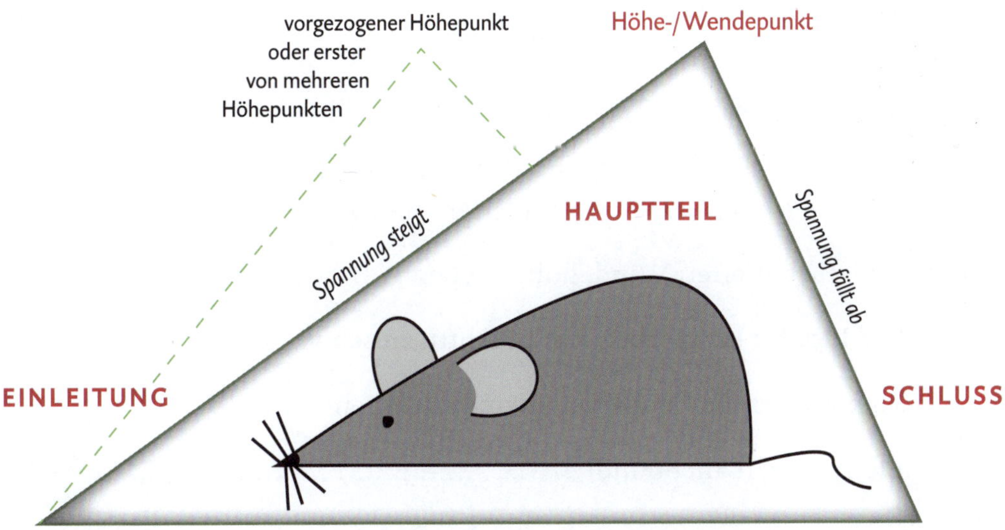

TIPP

Üblicherweise befindet sich der **Höhepunkt** am **Ende des Hauptteils**. Wenn du schon etwas sicherer im Erzählen bist, kannst du auch abwechseln und den Höhepunkt an den Anfang des Hauptteils **vorziehen**. Ebenso sind **mehrere Höhepunkte** möglich, etwa bei einer sogenannten **Episodenerzählung** aus mehreren kleinen Geschichten, die aber zusammenhängen. Ein typisches Thema hierfür wäre z. B.: *Ein altes Auto erzählt seine Lebensgeschichte.*

4 Als Nick seine Geschichte vom Leuchtturm erzählen will, schießen ihm die Erinnerungen nur so durch den Kopf. Hilf ihm, diesen Ideensalat zu ordnen.

a Beantworte zuerst die W-Fragen für die Einleitung (Wann? Wer? Wo? Was?) und den Schluss (Welche Folgen?) der Geschichte *Nick schwimmt zum Leuchtturm*. Ordne die folgenden Stichpunkte zu.

Nick, Lukas, andere Kinder ■ Ferienlager am Süderfehner Strand ■ Erleichterung ■ Leuchtturm auf kleiner Insel, ca. 1 km vom Strand entfernt ■ in Zukunft: Verbote ernst nehmen ■ Spielen am Strand ■ Sommerferien

Wann? ______________________

Wer? ______________________

Wo? ______________________

Was? ______________________

Welche Folgen? ______________________

____

b Sortiere jetzt die Erzählschritte für den Hauptteil der Erzählung, sodass sich eine logische Abfolge ergibt. Nummeriere sie von 1 bis 8.

- stürmisches Wetter: Wind, hohe Wellen → Badeverbot ....
- Lukas' Idee für Mutprobe: zum Leuchtturm schwimmen ....
- Wasser im Gesicht, Müdigkeit, Beine erlahmen ....
- mit letzter Kraft am Strand ....
- Überlegungen: Angst, Trotz, Vernunft ....
- Start: Strömung, schweres Vorankommen ....
- Erreichen des Leuchtturms, kurze Rast ....
- Rückkehr: Wind noch stärker, immer höhere Wellen ....

Nun hast du den Stoff für Nicks Erzählung geordnet. Diesen kannst du auch in einem übersichtlichen **Schreibplan** zusammenfassen. So hast du während des Schreibens eine Orientierungshilfe. Die richtige Reihenfolge sieht dann so aus:

BEISPIEL

Einleitung	
Wann?	■ Sommerferien
Wer?	■ Nick, Lukas, andere Kinder
Wo?	■ Ferienlager am Süderfehner Strand
Was?	■ Spielen am Strand ■ Leuchtturm auf kleiner Insel, ca. 1 km vom Strand entfernt
Hauptteil	
1. Erzählschritt	■ Lukas' Idee für Mutprobe: zum Leuchtturm schwimmen ■ stürmisches Wetter: Wind, hohe Wellen → Badeverbot ■ Überlegungen: Angst, Trotz, Vernunft
2. Erzählschritt	■ Start: Strömung, schweres Vorankommen ■ Erreichen des Leuchtturms, kurze Rast
3. Erzählschritt	■ Rückkehr: Wind noch stärker, immer höhere Wellen
4. Erzählschritt	■ Wasser im Gesicht, Müdigkeit, Beine erlahmen ■ mit letzter Kraft am Strand
Schluss	
Welche Folgen?	■ Erleichterung ■ in Zukunft: Verbote ernst nehmen

Meistens hast du die Erzählschritte der Geschichte nicht vorgegeben, sondern nur ein Thema für eine Erlebniserzählung, zum Beispiel *Mein schönster Geburtstag.* Dann musst du entweder in deiner Erinnerung kramen und ein **wahres Erlebnis wiederaufleben** lassen; oder du bist fantasievoll und **denkst dir eine Handlung aus.** Du kannst aber auch mischen und etwas wirklich Erlebtes mit Erfundenem ausschmücken.

Um auf gute **Ideen** für eine interessante oder lustige Geschichte zu kommen, beginnst du am besten mit einer **Stoffsammlung**. Das heißt, du sammelst alle Gedanken, die dir spontan zu einem Thema einfallen. Daraus kannst du dann die besten für deine Erzählung auswählen. Mehr zur Stoffsammlung erfährst du im zweiten Kapitel beim Thema „Reizwortgeschichten erzählen" ab Seite 40.

3 Die Einleitung verfassen

WISSEN

Die Einleitung einer Erzählung

Die Einleitung einer Erzählung hat die Aufgabe, dem Leser die **wichtigsten Informationen über die Ausgangssituation** zu vermitteln. Wie du bereits weißt, beantwortest du dazu die **W-Fragen**. Außerdem soll die Einleitung beim Leser **Neugier und Interesse** für das Folgende wecken.

Es gibt verschiedene Möglichkeiten für eine Einleitung:

- eine **allmähliche Einführung in die Handlung**, bei der einzelne Informationen nach und nach gegeben werden (1)
- ein **Beginn „mitten im Geschehen“**, z. B. durch einen Einstieg über wörtliche Rede (2)
- eine **Vorausdeutung** bzw. **Vorwegnahme des Schlusses**, die den Leser neugierig macht – aber Achtung: Nicht zu viel verraten! (3)

Wichtig: Die Einleitung sollte nicht zu viele Informationen enthalten und niemals die Spannung aus der Geschichte nehmen.

5 Um welche Art der Einleitung handelt es sich jeweils: 1, 2 oder 3?

- Ich bin ein ziemlich guter Schwimmer. Wie es zuging, dass ich trotzdem einmal beinahe ertrank, will ich euch jetzt erzählen. .....
- Die letzten Sommerferien verbrachte ich in einem Ferienlager für Kinder am Süderfehner Strand. Besonders gern spielten wir am Meer. Einmal entdeckten wir einen Leuchtturm auf einer kleinen Insel, die ca. einen Kilometer vom Festland entfernt war. ....
- „Das schaffst du nie!“, rief Lukas. Wir standen am Strand und blickten hinaus aufs Meer. Dort, in etwa einem Kilometer Entfernung, lag eine kleine Insel mit einem Leuchtturm. Irgendwer war auf die Idee gekommen, dass ich – der beste Schwimmer der Gruppe – dorthin schwimmen sollte. ....

4 Anschaulich und spannend erzählen: Stil und sprachliche Gestaltung

Beim ersten Mal erzählt Nick seine Geschichte so:

> Mein Freund hatte die Idee, dass einer zum Leuchtturm schwimmen sollte. Ich schwamm zum Leuchtturm. Das Wetter war schlecht, die Wellen waren gefährlich. Der Wind war auch gefährlich. Ich schwamm wieder zurück. Mit letzter Kraft schwamm ich ans Ufer.

Nick merkt schnell, dass Marie-Hedwig sich nicht für seine Geschichte interessiert. Aber warum?

6 Wieso ist Nicks Erzählweise ungeschickt? Welche „Fehler" fallen dir auf? Markiere problematische Stellen der Erzählung im Kasten oben farbig. Versuche auch zu benennen, was Nick falsch gemacht hat.

- ____
- ____
- ____
- ____

WISSEN

Lebendig und spannend erzählen

Wenn du spannend erzählen willst, musst du deine Geschichte sprachlich „aufpeppen". Das heißt, du gestaltest sie möglichst **anschaulich**. Das Ziel ist, dass deine Leser oder Zuhörer **Bilder vom Geschehen vor Augen** haben, so, als ob sie dabei gewesen wären oder als ob sie einen Film über das Erzählte sehen.

Verwende dafür zum Beispiel diese **sprachlichen Mittel:**

- abwechslungsreiche Nomen und Adjektive
  Beispiele: *bedrohlich, gefährlich, furchterregend, angsteinflößend*
  der Wind, die Böen, der Sturm, das Unwetter, die Gischt
- treffende Verben, die den Inhalt genau wiedergeben
  Beispiele: *ich sprang, rannte, stolperte, stürzte, taumelte, wankte*
- sprachliche Bilder und Vergleiche
  Beispiele: *eine mannshohe Welle, wie ein Betrunkener taumelte ich an Land,*
  der Himmel war eine schwarze Wand
- wörtliche Rede
  Beispiel: *„Und ob ich das schaffe!", entgegnete ich trotzig.*

Vertiefe dein Wissen

7 Sammle möglichst viele verschiedene Begriffe und Ausdrücke, die mit dem Thema „Meer bei Sturm“ zu tun haben. Ordne sie in einer Mindmap.

TIPP

Eine (oder: *ein*) Mindmap ist eine Art „Wortbaum“ oder **„Gedankenbaum“**. Sie eignet sich, um Ideen zu einem bestimmten Thema zusammenzutragen. Wörter oder Gedanken, die inhaltlich zusammengehören, sind durch „Äste“ oder „Zweige“ miteinander verbunden.

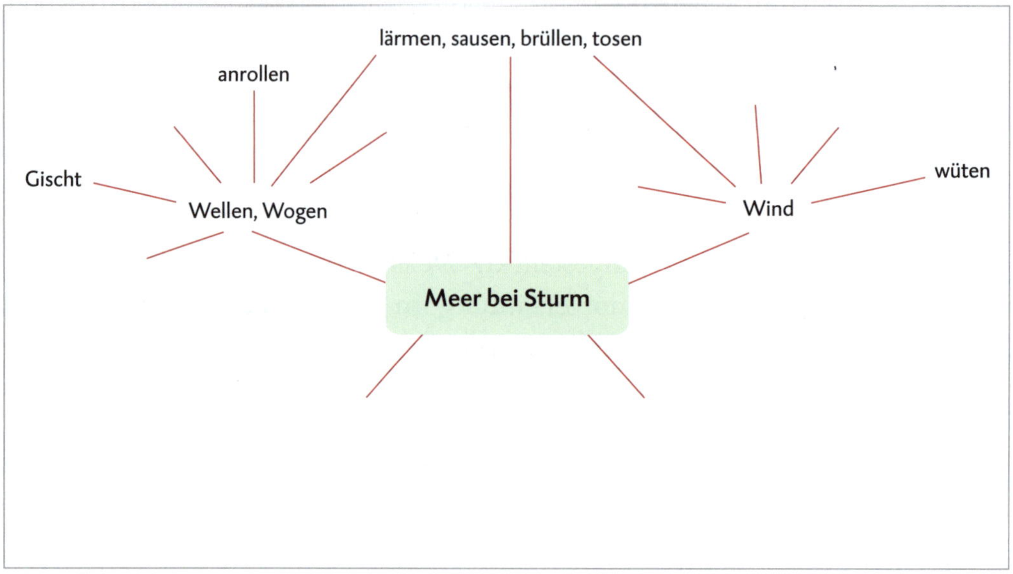

8 Jetzt kannst du Nicks etwas langweilige und ungenaue Erzählung verbessern. Finde jeweils eine anschauliche und treffende Beschreibung für das, was der Ich-Erzähler wahrnimmt.

Erzählung	Verbesserungshinweise
Ich ~~ging~~ ______ sofort ins Wasser. Es war ~~sehr~~ ______ kalt, ~~große~~ ______ Wellen ~~kamen~~ ______ mir entgegen, und ~~das Wasser ging~~ ______ ______ mir ~~blöd~~ ______ ins Gesicht. Außerdem ~~kam~~ ______ ein ~~großer~~ ______ Wind vom Meer her, sodass es ~~blöd~~ ______ wurde vorwärtszukommen.	▪ Wie bewegt sich der Ich-Erzähler ins Wasser? ▪ Wie bewegen sich die Wellen und der Wind? ▪ Warum sind sie gefährlich? Wie sind der Wind und das Meer? ▪ Welchen Teil des Wassers/der Wellen spürt der Ich-Erzähler? ▪ Wie kommt der Ich-Erzähler voran?

9 Beim Zurückschwimmen wird Nick sehr müde, das Schwimmen fällt ihm schwerer und schwerer. Finde geeignete sprachliche Bilder und Vergleiche, um die Gefühle und Wahrnehmungen des Ich-Erzählers, also seine Erschöpfung, zu veranschaulichen.

a Wieder kamen mir die hohen Wellen entgegen. Sie bäumten sich auf wie wilde ______________________.

b Normalerweise hatte ich keine Angst vor den Wellen, denn ich konnte schwimmen wie __________________________.

c Aber jetzt waren meine Arme und Beine schwer wie ______________.

d Und der Strand schien noch __________________ weit entfernt.

e In dieser Nacht schlief ich wie ein ___________________.

f Im Nachhinein musste ich zugeben: Als ich ins Wasser sprang, __________ ____________________________ *(fühlte ich mich unbehaglich/ängstlich)*.

Weitere Tipps zum **anschaulichen Erzählen** findest du beim Thema „Schildern“ im letzten Kapitel des Buches ab Seite 85.

WISSEN

Abwechslungsreich und zusammenhängend formulieren

Damit der Leser die **Zusammenhänge** in der Erzählung versteht und die Geschichte nicht langweilig wirkt, ist es auch wichtig, die einzelnen Sätze und Erzählschritte **abwechslungsreich** zu verknüpfen. Das erreichst du durch:

- geeignete Überleitungen und Verbindungswörter, z. B. Adverbien und Konjunktionen
  Beispiele: *als, wenn, aber, weil, obwohl, zwar, da, sodass, stattdessen, damit*
- einen abwechslungsreichen Satzbau (nicht: *und … und … und …*)
  Beispiele: *Lukas nannte mich Angeber. Deshalb musste ich wohl oder übel zum Leuchtturm schwimmen. Nachdem ich auf der Insel angekommen war, …*

Hinweis zu Aufgabe 10: Bei dieser Aufgabe kannst du wählen zwischen einer **einfacheren** 10 und einer **schwierigeren** 10 **Variante**. Wenn du dich für die schwierigere Aufgabe entscheidest, dann decke die einfachere Version mit einem Blatt zu.

10 Vervollständige den Text, indem du geeignete Satzverknüpfungen findest.

__________ wir an den Strand kamen, schrie Lukas: „Seht mal, der Leuchtturm! Wer sich was traut, schwimmt hinüber!“ Ich antwortete großspurig: „Das ist doch nicht weit, das schafft doch jeder, sogar du, du Landratte!“ „Wetten, dass *du* es nicht schaffst, du Angeber?“, rief Lukas provozierend. __________ hatte sich eine ganze Gruppe von Kindern um uns aufgestellt. Alle schienen zu erwarten, dass ich etwas tat. Ich fühlte mich ziemlich unter Druck, __________ die vielen Blicke auf mir ruhten. __________ musste ich die Herausforderung wohl oder übel annehmen. Ich warf einen Blick auf die kleine Insel, auf der der Leuchtturm stand. Sie war ungefähr einen Kilometer vom Strand entfernt. „Kein Problem, unter normalen Umständen“, dachte ich. __________ heute war das Wetter schlecht. __________ würde es schwer sein, gegen die hohen Wellen anzuschwimmen. __________ wehte am Strand eine rote Fahne: Das bedeutete, dass es verboten war, im Meer zu schwimmen. __________ entschloss ich mich, es zu tun. „Was soll’s, mir wird schon nichts passieren“, sagte ich mir. …

10 Lies den Textabschnitt und überlege, an welchen Stellen man ihn durch geeignete Verknüpfungen noch verbessern könnte. Füge sechs bis acht Satzverknüpfungen ein. Schreibe deine Änderungen zwischen die Zeilen.

Wir kamen an den Strand, Lukas schrie: „Seht mal, der Leuchtturm! Wer sich was traut, schwimmt hinüber!“ Ich antwortete großspurig: „Das ist doch nicht weit, das schafft doch jeder, sogar du, du Landratte!“ „Wetten, dass *du* es nicht schaffst, du Angeber?“, rief Lukas provozierend. Es hatte sich eine ganze Gruppe von Kindern um uns aufgestellt. Alle schienen zu erwarten, dass ich etwas tat. Ich fühlte mich ziemlich unter Druck, die vielen Blicke ruhten auf mir. Ich musste die Herausforderung

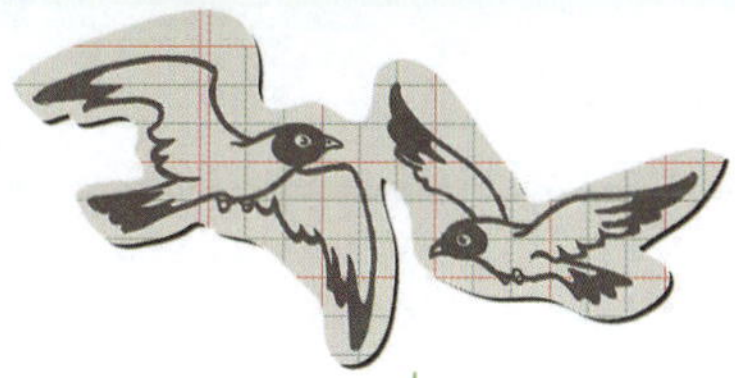

wohl oder übel annehmen. Ich warf einen Blick auf die kleine Insel, auf der der Leuchtturm stand. Sie war ungefähr einen Kilometer vom Strand entfernt. „Kein Problem, unter normalen Umständen", dachte ich. Heute war das Wetter schlecht. Es würde schwer sein, gegen die hohen Wellen anzuschwimmen. Am Strand wehte eine rote Fahne: Das bedeutete, dass es verboten war, im Meer zu schwimmen. Ich entschloss mich, es zu tun. „Was soll's, mir wird schon nichts passieren", sagte ich mir. …

5 Innere und äußere Handlung darstellen

In einer Erzählung wird nicht nur das eigentliche Geschehen dargestellt, also das, was die Personen tun und was um sie herum geschieht (die sogenannte **äußere Handlung**). Sicher ist dir aufgefallen, dass auch Gefühle und Gedanken, etwa die des kleinen Nick, beschrieben werden, also das, was im Inneren der Figuren passiert. Das nennt man die **innere Handlung**. Durch sie wird die Erzählung spannender und der Leser kann sich besser in die Figuren hineinversetzen, weil er weiß, was in ihnen vorgeht.

WISSEN

Die innere Handlung

Die innere Handlung kannst du auf verschiedene Arten wiedergeben, nämlich …

- indem du die **Gedanken und Gefühle beschreibst**.
  Beispiel: *Ich war erleichtert. Lukas hatte Angst.*
- indem du **in die direkte Rede einfließen** lässt, was jemand denkt oder fühlt.
  Beispiel: *„Wow! Das war ja mutig von dir!", riefen die anderen Kinder.*
- indem du **Gedanken in wörtlicher Rede** formulierst.
  Beispiel: *„Wäre ich doch schon wieder am Strand", dachte ich.*
- indem du einen **inneren Monolog** oder **erlebte Rede** einbaust.
  Beispiel: *Was soll ich bloß tun? Ich kann mich kaum mehr über Wasser halten. Ich glaube, meine Arme fallen bald ab. …* (innerer Monolog)

Was genau ein **innerer Monolog** und was **erlebte Rede** ist, kannst du im letzten Kapitel des Buches auf Seite 91 nachlesen.

11 Lies noch einmal den Textausschnitt aus Aufgabe 10. Markiere darin mit Farbe Stellen, an denen innere Handlung zu erkennen ist.

12 Überlege, welche Gefühle und Gedanken der Ich-Erzähler haben könnte. Wie geht es ihm wohl, als er zum Leuchtturm schwimmt (**a**), und wie, als er wieder von dort zurückschwimmt (**b**)? Formuliere je zwei Textstellen mit innerer Handlung aus. Die Stichworte liefern dir mögliche Anknüpfungspunkte.

a *Strömung – schwer vorwärtszukommen – Erreichen des Leuchtturms – kurze Rast*

- ______________________________
  ____
  ____
- ______________________________
  ____
  ____

b *Rückkehr – Wind wird stärker – immer höhere Wellen – Kraft schwindet*

- ______________________________
  ____
  ____
- ______________________________
  ____
  ____

6 Den Höhepunkt ausgestalten

Besonders wichtig in einer Erzählung ist der **Höhepunkt**. Deshalb solltest du dich dieser Stelle auch intensiv widmen. Um den Höhepunkt lebendig auszugestalten, wendest du die sprachlichen Elemente, die du bis jetzt geübt hast, so an, dass möglichst viel Spannung entsteht.

WISSEN

Der Höhepunkt

Der Höhepunkt ist die **spannendste Stelle** einer Geschichte. Danach wird die Spannung aufgelöst und die Erzählung meist abgeschlossen.

Der Höhepunkt sollte **nicht nur aus einem Satz** bestehen, sondern inhaltlich und sprachlich ausgestaltet werden:

- Beschreibe die äußeren und inneren Vorgänge genau und gehe auf **Details** ein. Treibe die Handlung auf die Spitze.
- Erzeuge Spannung durch Abwechslung im **Satzbau:** Verwende zum Beispiel Frage- oder Ausrufesätze, sehr kurze oder unvollständige Sätze.
  Beispiele: *Da! Was war das? Ich hatte doch … Anton ächzte.*
- Um die Handlung noch unmittelbarer darzustellen, kannst du hier auch ins **Präsens** wechseln („szenisches Präsens").
  Beispiele: *Ein Blitz erleuchtet plötzlich den Raum. Mein Herz rast.*

Wenn du schon etwas geübt bist, kannst du beim Höhepunkt auch abwechseln. Sieh dir dazu noch einmal die **Grafik zum Aufbau** einer Erzählung und den Tipp auf Seite 5 an.

Lies die Erzählung. An der Stelle, an der sie abbricht, müsste der Höhepunkt folgen. Dieser fehlt allerdings.

Die letzten Sommerferien verbrachte ich in einem Ferienlager am Süderfehner Strand. Besonders gern spielten wir am Meer. Einmal entdeckten wir einen Leuchtturm auf einer kleinen Insel, die ein Stück vom Festland entfernt war.

Mein Freund Lukas schrie sofort: „Seht mal, der Leuchtturm! Wer sich was traut, schwimmt hinüber!" Ich antwortete großspurig: „Das ist doch nicht weit, das schafft doch jeder, sogar du, du Landratte!" „Wetten, dass *du* es nicht schaffst, du Angeber?", rief Lukas provozierend. Inzwischen hatte sich eine ganze Gruppe von Kindern um uns aufgestellt. Alle schienen zu erwarten, dass ich etwas tat. Ich fühlte mich ziemlich unter Druck, da die vielen Blicke auf mir ruhten. Also musste ich die Herausforderung wohl oder übel annehmen. Ich warf einen Blick auf die kleine Insel, auf der der Leuchtturm stand. Sie war ungefähr einen Kilometer vom Strand entfernt. „Kein Problem, unter normalen Umständen", dachte ich. Aber heute war das Wetter schlecht.

Deswegen würde es schwer sein, gegen die hohen Wellen anzuschwimmen. Außerdem wehte am Strand eine rote Fahne: Das bedeutete, dass es verboten war, im Meer zu schwimmen. Dennoch entschloss ich mich, es zu tun. „Was soll's, mir wird schon nichts passieren", sagte ich mir.

Unter den bewundernden Blicken der anderen Kinder lief ich ins Wasser und schwamm sofort los. Bald spürte ich den Widerstand des aufgewühlten Meeres. „Die Strömung ist aber ganz schön stark", dachte ich. Trotzdem kam ich ganz gut vorwärts. Kraulschwimmen war schließlich meine Stärke. Schon sah ich den Leuchtturm ganz nah vor mir und spürte Boden unter den Füßen: Die Insel war erreicht. Ich war froh, hatte aber keine Lust, mich lange hier aufzuhalten. Nach einer kurzen Rast warf ich mich wieder in die Fluten.

Der Wind war noch stärker geworden und blies mir heftig ins Gesicht. Er peitschte die Wellen vor sich her, Salzwasser spritzte mir in die Augen, die brannten wie Feuer. „Das schaffe ich schon", redete ich mir ein, obwohl ich schon völlig außer Atem war. Da bemerkte ich, dass ich nicht mehr richtig vorankam, dass mich die Strömung aufs Meer hinaus trieb. Allmählich bekam ich es mit der Angst zu tun. Wie sollte ich nur diese hohen Wellen überwinden? ...

Hinweis zu Aufgabe 13: Bei dieser Aufgabe hast du wieder die Wahl zwischen einer **einfacheren** 13 und einer **schwierigeren** 13 **Variante**. Wenn du dich für die schwierigere Aufgabe entscheidest, decke die leichtere mit einem Blatt zu.

13 Schreibe den Höhepunkt der Geschichte ins szenische Präsens um.

Höhepunkt	Höhepunkt im szenischen Präsens
Schon erlahmten meine Beine und ich merkte, wie ich müde wurde. Ich hatte Unmengen Salzwasser geschluckt und mir war übel. Sollte ich einfach aufgeben? Durch einen Schleier von Wasser erblickte ich in der Ferne am Strand die anderen Kinder, die schrien und winkten. „Nur noch ein paar Meter", dachte ich, „das muss doch gehen!" Mit letzter Kraft kämpfte ich noch einmal gegen die Strömung an – und plötzlich fühlte ich den weichen Sandboden an den Füßen. Ich hatte es geschafft. Noch ganz benommen wankte ich an den Strand. ...	

13 Setze die Geschichte (Seite 15/16) an der Stelle fort, an der sie abbricht: Ergänze den Höhepunkt. Verwende das szenische Präsens.

7 Den Schluss formulieren

WISSEN

Der Schluss einer Erzählung

Der Schluss rundet die Erzählung mit dem Ausgang des Erlebten ab.
Wie die Einleitung kann auch er unterschiedlich gestaltet werden:

- als knappe **Darstellung der Folgen** (1)
- als allgemeines **Fazit** oder persönliche **Lehre** (2)
- als **Pointe**, d. h. überraschende oder lustige Wendung (3)
- als **Rückgriff** auf die Einleitung, sodass sich eine Art Rahmen ergibt (4)

Vermeide im Schluss **neue Informationen**. Er darf keine neue Geschichte erzählen! TIPP

14 Um welche Art von Schluss handelt es sich jeweils: **1**, **2**, **3** oder **4**?

- Die anderen umringten mich sofort, glücklich, dass ich heil zurückgekommen war. Ich fühlte mich sehr erleichtert und etwas stolz war ich auch. Trotzdem werde ich in Zukunft die rote Fahne am Strand etwas ernster nehmen. ....
- Die anderen umringten mich sofort, glücklich, dass ich heil zurückgekommen war. Auch ich war sehr erleichtert, aber auch erschöpft. Und so endete also der Tag, an dem ich beinahe im Meer ertrunken wäre. ....
- Die anderen umringten mich sofort, glücklich, dass ich heil zurückgekommen war. Ich fühlte mich sehr erleichtert, aber auch erschöpft. Außerdem war ich so unterkühlt, dass ich den ganzen restlichen Tag mit einer Wärmflasche in meinem Schlafsack verbringen musste. ....
- Die anderen umringten mich sofort, glücklich, dass ich heil zurückgekommen war. Lukas sah mich anerkennend an, dann grinste er verschmitzt und sagte: „Ist ja schön, dass du zweimal einen Kilometer geschwommen bist. Aber weißt du denn nicht, dass es am Ende der Bucht eine Landzunge gibt, von der aus es vielleicht zwanzig Meter bis zu der Insel sind?" ....

8 Einen Titel finden

Die Geschichte heißt bis jetzt *Nick schwimmt zum Leuchtturm*. Das klingt aber ein bisschen langweilig.

15 Finde eine bessere Überschrift für die „Leuchtturm-Geschichte".

____

Was einen **guten Titel** ausmacht, kannst du in Kapitel 2, „Nach Vorgaben und Impulsen erzählen", auf Seite 39 nachlesen.

9 Die eigene Erzählung überarbeiten

WISSEN

Problemstellen beheben

Nach dem Schreiben solltest du deinen Text immer noch einmal durchgehen und ihn auf Fehler, Schwächen und Unklarheiten prüfen und diese ausbessern. Das betrifft sowohl die **Sprache** (Rechtschreibung, Zeichensetzung, Grammatik) als auch den **Stil**. Hier sind einige typische Fehlerquellen aufgeführt und Möglichkeiten, wie du sie vermeidest:

Problem	**Lösung**
■ Wortwiederholungen	■ wiederholten Begriff ersetzen, z. B. durch Pronomen: *diese, jener, ihm …*, Synonyme: *Ozean* statt *Meer*, Oberbegriffe: *Unwetter* statt *Wind und Regen*, Umschreibungen: *mein Freund* statt *Lukas*.
■ zu allgemeine Ausdrücke *tun, machen, sagen …*	■ genaue, treffende Formulierungen *erwidern, rufen, stammeln, behaupten …*
■ Umgangssprache *rum, drin, cool*	■ in Standardsprache, neutral formulieren *herum, darin, super/toll*
■ gleiche Satzanfänge *Und dann … Und dann …*	■ mit Konjunktionen und Adverbien abwechseln *Daraufhin … Wenig später … Trotzdem …*
■ eintöniger Satzbau, unzusammenhängende Sätze *Er schwamm zu der Insel. Die Insel war klein.; Ich kam an. Ich freute mich.*	■ Wortstellung abwechseln, Sätze logisch verknüpfen, Nebensätze (z. B. Relativsätze) verwenden *Er schwamm zu der Insel, die klein war.; Ich freute mich, als ich angekommen war.*
■ unklare Bezüge *Lukas und Milo kamen mir entgegen. Er rief …* → Wer?	■ Bezüge prüfen, eindeutig formulieren *Lukas und Milo kamen mir entgegen. Der blonde Milo rief …*
■ Rechtschreibfehler	■ schwierige Wörter prüfen oder nachschlagen *wieder/wider, seid/seit, war/wahr …*
■ Lücken oder Sprünge in der Handlung	■ auf Vollständigkeit bzw. den „roten Faden" achten

16 Lies auf der nächsten Seite noch einmal die Erzählung des kleinen Nick. Diese Fassung der Geschichte *Nick schwimmt zum Leuchtturm* enthält allerdings einige sprachliche und stilistische Fehler. Notiere jeweils auf der rechten Seite, was falsch gemacht wurde, und verbessere die Textstellen dann. Der Wissenskasten oben kann dir dabei helfen. Beachte: Um manche Fehler zu erkennen, musst du mehr als nur ein Wort berücksichtigen.

Die letzten Sommerferien verbrachte ich in einem Ferienlager am Süderfehner Strand. Voll gern spielten wir am Strand. Einmal entdeckten wir einen Leuchtturm auf einer kleinen Insel ca. einen Kilometer entfernt vom Strand.

Er schrie sofort: „Seht mal, der Leuchtturm! Wer sich was traut, schwimmt hinüber!“ Ich sagte großspurig: „Das ist doch nicht weit, das schafft doch jeder, sogar du, du Landratte!“ „Wetten, dass *du* es nicht schaffst, du Angeber?“, sagte Lukas provozierend. Inzwischen hatte sich eine ganze Gruppe von Kindern um uns aufgestellt. Alle schienen zu erwarten, dass ich etwas tat. Ich fühlte mich ziemlich unter Druck, da die vielen Blicke auf mir ruhten. Ich musste die Herausforderung wohl oder übel annehmen. Ich warf einen Blick auf die kleine Insel, auf der der Leuchtturm stand. Sie war ungefähr einen Kilometer vom Strand entfernt. „Kein Problem, unter normalen Umständen“, dachte ich. Aber heute war das Wetter schlecht. Deswegen würde es schwer sein, gegen die hohen Wellen anzuschwimmen. Auserdem wehte am Strand eine rote Fahne: Das bedeutete, dass es verboten war, im Meer zu schwimmen. Dennoch entschloss ich mich, es zu tun. „Was soll’s, mir wird schon nichts passieren“, sagte ich mir.

Bei den bewundernden Blicken der anderen Kinder stürmte ich ins Wasser und schwamm sofort los. Bald spürte ich den Wiederstand des aufgewühlten Meeres. „Die Strömung ist aber ganz schön stark“, dachte ich. Dann kam ich gut vorwärts. Kraulschwimmen war schließlich meine Stärke. Dann sah ich den Leuchtturm ganz nah vor mir und spürte Boden unter den Füßen: Dann war die Insel erreicht. Ich war froh, hatte aber keinen Bock, mich lange hier aufzuhalten. Nach einer kurzen Rast warf ich mich wieder ins Wasser.

Der Wind war stärker geworden und ging mir heftig ins Gesicht. Er peitschte die Wellen vor sich her, Salzwasser spritzte mir in die Augen. „Das schaffe ich schon“, redete ich mich ein, obwohl ich schon völlig außer Atem war. Da bemerkte ich, dass ich nicht mehr richtig vorankam, dass mich die Ströhmung aufs Meer hinaus trieb. Allmählich bekam ich es mit der Angst zu tun. Wie sollte ich nur über diese hohen Wellen drüberkommen?

Test 1

Zeit: 45 Minuten

Schreibe die vollständige Geschichte *Der kleine Nick fängt einen Dieb*, indem du die folgenden Aufgaben nacheinander bearbeitest. (→ Heft)

1 Ordne die Inhalte und **Erzählschritte** der Geschichte *Der kleine Nick fängt einen Dieb*. Vervollständige den Schreibplan passend. ___ von 6,5

Begeisterung der Kinder ■ folge dem Mann leise ■ Sommerferien ■ am Abend: zwei Rucksäcke verschwunden (Inhalt: 200 Euro) ■ Polizisten erscheinen ■ Lob von Leitern des Ferienlagers ■ ich krieche aus dem Zelt, sehe einen Mann, der durch das Lager schleicht ■ Ferienlager am Süderfehner Strand ■ Dieb dreht sich um, will mir nachlaufen ■ Erleichterung ■ Diebstahl im Camp ■ Festnahme des Diebes ■ ich, viele andere Kinder ■ Verständigung der Polizei ■ Nacht: seltsame Geräusche im Lager ■ Rucksäcke in den Zelten deponiert

Einleitung **W-Fragen**	
Hauptteil **Erzählschritte**	
Schluss **Folgen**	

___ von 4 **2** Schreibe eine **Einleitung** zu der Geschichte. Kreuze auch an, welche Art von Einleitung du gewählt hast.

- ☐ allmähliche Hinführung
- ☐ Einstieg mitten ins Geschehen
- ☐ Vorausdeutung

___ von 10 **3** Verfasse den **Hauptteil**, indem du die einzelnen Erzählschritte nacheinander ausformulierst. Beschreibe sowohl die äußere als auch die innere Handlung und achte auf den Spannungsbogen.

___ von 4 **4** Gestalte den **Höhepunkt** der Geschichte aus und löse die Spannung auf.

___ von 4 **5** Runde die Geschichte mit dem **Schluss** ab. Kreuze wieder an, für welche Art von Schluss du dich entschieden hast.

- ☐ Darstellung der Folgen
- ☐ Fazit/Lehre
- ☐ Pointe
- ☐ Bezug zur Einleitung

___ von 1,5 **6** Gib deiner Geschichte eine spannende **Überschrift**.

Gesamt:
___ von 30

Tipp: Nutze den Überarbeitungsbogen auf Seite 96–98, um einzuschätzen, ob deine Erzählung gelungen ist.

++	+	0	–
30–25 P.	24–16 P.	15–7 P.	unter 7 P.

Nach Vorgaben und Impulsen erzählen

1 Eine Geschichte nacherzählen

Bei einer Nacherzählung wird eine Geschichte, die man zuvor gelesen oder gehört hat, zum Beispiel ein Märchen, eine Fabel oder eine Sage, **in eigenen Worten wiedergegeben**. Dabei wendest du die Grundlagen des Erzählens an, die du schon gelernt hast. Es gibt aber auch ein paar Besonderheiten:

WISSEN

Eine Geschichte nacherzählen

- Die Geschichte muss **mit eigenen Worten** erzählt werden.
- Der **Erzählkern**, das heißt die Grundidee der Geschichte und die wesentlichen Teile der Handlung, müssen richtig erfasst werden. Es darf nichts Wichtiges weggelassen und nichts Neues hinzuerfunden werden.
- **Personen, Handlungsverlauf** und **Ausgang** der Geschichte dürfen nicht verändert werden.
- Auch die **Zeitform** der Vorlage wird beibehalten.
- Wie bei jeder Erzählung sollte der Text **anschaulich und lebendig** gestaltet sein.
- Die **Überschrift** kann verändert werden, wenn die Grundidee erhalten bleibt.

Berühmte antike und mittelalterliche Stoffe werden bis heute immer wieder nacherzählt, z. B. von Auguste Lechner und Franz Fühmann:

- *Ilias. Der Untergang Trojas* oder *Die Abenteuer des Odysseus* oder *Herkules* oder *König Artus. Von Auguste Lechner. Würzburg: Arena Verlag.*
- *Das Nibelungenlied. Neu erzählt von Franz Fühmann. Berlin: Verlag Neues Leben.*

Schreibziel **Aufgaben 17 – 21**

Lies das Märchen *Der süße Brei* der Brüder Grimm genau. Erzähle es dann so nach, dass die wesentlichen Elemente der Handlung erkennbar bleiben. Achte darauf, dass du mit eigenen Worten erzählst.

Der süße Brei

Es war einmal ein armes, frommes Mädchen, das lebte mit seiner Mutter allein, und sie hatten nichts mehr zu essen. Da ging das Kind hinaus in den Wald, und begegnete ihm da eine alte Frau, die wusste seinen Jammer schon und schenkte ihm ein Töpfchen, zu dem sollte es sagen „Töpfchen, koche“, so kochte es guten süßen Hirsenbrei, und wenn es sagte „Töpfchen, steh“, so hörte es wieder auf zu kochen. Das Mädchen brachte den Topf seiner Mutter heim, und nun waren sie ihrer Armut und ihres Hungers ledig[1] und aßen süßen Brei, sooft sie wollten. Auf eine Zeit war das Mädchen ausgegangen, da sprach die Mutter „Töpfchen, koche“, da kocht es, und sie isst sich satt; nun will sie, dass das Töpfchen wieder aufhören soll, aber sie weiß das Wort nicht. Also kocht es fort, und der Brei steigt über den Rand hinaus und kocht immerzu, die Küche und das ganze Haus voll, und das zweite Haus und dann die Straße, als wollt's die ganze Welt satt machen, und ist die größte Not, und kein Mensch weiß sich da zu helfen. Endlich, wie nur noch ein einziges Haus übrig ist, da kommt das Kind heim, und spricht nur „Töpfchen, steh“, da steht es und hört auf zu kochen; und wer wieder in die Stadt wollte, der musste sich durchessen.

1 einer Sache ledig sein = frei von der Sache sein, *hier:* ohne Armut und Hunger sein

Kinder und Hausmärchen, gesammelt durch die Brüder Grimm (Rechtschreibung behutsam angepasst)

TIPP Der Hauptteil des Märchens ist im **szenischen Präsens** verfasst, um die Spannung zu erhöhen.

◆ 1. Schritt: Die Geschichte verstehen und das Wesentliche erfassen

Damit du einen Text richtig nacherzählen kannst, musst du die Geschichte genau verstanden haben.

WISSEN

Eine Geschichte verstehen, wesentliche Textinhalte erfassen

Lies den Text mindestens zweimal:

- Beim ersten Mal: Achte auf den **Sinn** der Geschichte.
- Beim zweiten Mal: Achte auf **Einzelheiten** und auf die **Abfolge** der Geschehnisse.

Überlege dir dann:

- Welche **Personen** treten auf?
- Zu welcher **Zeit** und an welchem **Ort** spielt das Geschehen (falls bekannt)?
- Welche Teile der **Handlung** sind wichtig und müssen in der Nacherzählung vorkommen?
- Welche Textteile sind **weniger wichtig** und können weggelassen oder nur am Rande erwähnt werden?

TIPP

Benutze einen **farbigen Textmarker**, um Wichtiges im Text zu markieren. Auch **Notizen** am Rand oder auf einem Stichwortzettel können hilfreich sein.

BEISPIEL

In dem Märchen *Der süße Brei* sind folgende Informationen wesentlich:

- Es treten drei Personen auf: das Mädchen, die Mutter und die alte Frau.
- Ort und Zeit des Geschehens sind unbekannt.
- Diese Teile der Handlung sind wichtig:

Der süße Brei

Es war einmal ein armes, frommes Mädchen, das lebte mit seiner Mutter allein, und sie hatten nichts mehr zu essen. Da ging das Kind hinaus in den Wald, und begegnete ihm da eine alte Frau, die wusste seinen Jammer schon und schenkte ihm ein Töpfchen, zu dem sollte es sagen „Töpfchen, koche“, so kochte es guten süßen Hirsenbrei, und wenn es sagte „Töpfchen, steh“, so hörte es wieder auf zu kochen. …

17 Markiere im weiteren Text selbst die wichtigen Stellen der Handlung.

… Das Mädchen brachte den Topf seiner Mutter heim, und nun waren sie ihrer Armut und ihres Hungers ledig und aßen süßen Brei, sooft sie wollten. Auf eine Zeit war das Mädchen ausgegangen, da sprach die Mutter „Töpfchen, koche", da kocht es, und sie isst sich satt; nun will sie, dass das Töpfchen wieder aufhören soll, aber sie weiß das Wort nicht. Also kocht es fort, und der Brei steigt über den Rand hinaus und kocht immerzu, die Küche und das ganze Haus voll, und das zweite Haus und dann die Straße, als wollts die ganze Welt satt machen, und ist die größte Not, und kein Mensch weiß sich da zu helfen. Endlich, wie nur noch ein einziges Haus übrig ist, da kommt das Kind heim, und spricht nur „Töpfchen, steh", da steht es und hört auf zu kochen; und wer wieder in die Stadt wollte, der musste sich durchessen.

18 Erkläre, warum folgende Aspekte der Geschichte wichtig sind. Du kannst Stichworte verwenden.

a ein armes, frommes Mädchen *(Z. 1/2)*

____

____

____

b sie weiß das Wort nicht *(Z. 27/28)*

____

____

____

____

c wie nur noch ein einziges Haus übrig ist, da kommt das Kind heim *(Z. 38–40)*

____

____

____

____

2. Schritt: Den Aufbau festlegen

Du kennst bereits den typischen Aufbau einer Erzählung aus **Einleitung**, **Hauptteil** mit **Höhe-/Wendepunkt** und **Schluss**. Diesen Aufbau musst du auch in einer Nacherzählung einhalten. Orientiere dich dabei an dem Text, den du nacherzählen willst. Der Spannungsbogen des Ausgangstextes soll erhalten bleiben.

Den **Aufbau** einer Erzählung findest du genauer beschrieben im ersten Kapitel, „Von Erlebnissen und Ereignissen erzählen", ab Seite 5.

19 Hier findest du noch einmal den Text *Der süße Brei*. Überlege, wie das Märchen aufgebaut ist: Wo ist die Einleitung, was gehört zum Hauptteil und wo beginnt der Schluss? Trenne die einzelnen Teile mit einer Markierung ab, z. B. so: |
Schreibe dann die jeweils passende Bezeichnung in die linke Spalte. Diese Bestandteile sollst du finden und eintragen:

Einleitung ■ Hauptteil ■ 1. Erzählschritt ■ 2. Erzählschritt ■ 3. Erzählschritt ■ Höhe-/Wendepunkt ■ Schluss

Aufbau	Märchen
	Es war einmal ein armes, frommes Mädchen, das lebte mit seiner Mutter allein, und sie hatten nichts mehr zu essen. Da ging das Kind hinaus in den Wald, und begegnete ihm da eine alte Frau, die wusste seinen Jammer schon und schenkte ihm ein Töpfchen, zu dem sollte es sagen „Töpfchen, koche", so kochte es guten süßen Hirsenbrei, und wenn es sagte „Töpfchen, steh", so hörte es wieder auf zu kochen. Das Mädchen brachte den Topf seiner Mutter heim, und nun waren sie ihrer Armut und ihres Hungers ledig und aßen süßen Brei, sooft sie wollten. Auf eine Zeit war das Mädchen ausgegangen, da sprach die Mutter „Töpfchen, koche", da kocht es, und sie isst sich satt; nun will sie, dass das Töpfchen wieder aufhören soll, aber sie weiß das Wort nicht. Also kocht es fort, und der Brei steigt über den Rand hinaus und kocht immerzu, die Küche und das ganze Haus voll, und das zweite Haus und dann die Straße, als wollt's die ganze Welt satt machen, und ist die größte Not, und kein Mensch weiß sich da zu helfen. Endlich, wie nur noch ein einziges Haus übrig ist, da kommt das Kind heim, und spricht nur „Töpfchen, steh", da steht es und hört auf zu kochen; und wer wieder in die Stadt wollte, der musste sich durchessen.

3. Schritt: Mit eigenen Worten nacherzählen

TIPP

Um sicherzustellen, dass du wirklich deine eigenen Worte verwendest, kann es dir helfen, wenn du vor dem Schreiben in einer Stoffsammlung **eigene Formulierungen und Synonyme** (= Wörter mit gleicher oder ähnlicher Bedeutung) **zum Thema** zusammenträgst.

20 Wie kannst du folgende Textabschnitte mit deinen eigenen Worten wiedergeben? Formuliere die Textstellen um.

Textpassage	Mit meinen Worten
sie hatten nichts mehr zu essen *(Z. 3)*	
Da ging das Kind hinaus in den Wald, und begegnete ihm da eine alte Frau *(Z. 4/5)*	
die wusste seinen Jammer schon *(Z. 6)*	
nun waren sie ihrer Armut und ihres Hungers ledig *(Z. 15–17)*	
ist die größte Not, und kein Mensch weiß sich da zu helfen *(Z. 36–38)*	
Endlich, wie nur noch ein einziges Haus übrig ist, da kommt das Kind heim *(Z. 38–40)*	

21 Schreibe nun die vollständige Nacherzählung des Märchens *Der süße Brei.* Halte dich dabei an die Regeln, die du gelernt hast. (→ Heft)

2 Nach Bildern erzählen

Bilder erzählen ihre eigenen Geschichten – doch diese Geschichten auszuformulieren ist oft gar nicht so einfach. Man kann nach **verschiedenen Arten von Bildern** erzählen: auf der Grundlage einzelner **Fotos**, **Comics** oder einer ganzen **Bilderfolge**. Wenn dir eine Bilderfolge vorgegeben ist, kann es sein, dass die Reihenfolge nicht die richtige ist und du die Bilder erst ordnen musst, um eine Geschichte zu „entdecken“. Beim Erzählen nach Einzelbildern muss man meist eine Vorgeschichte und die Folgen dazuerfinden.

WISSEN

Zu einer Bilderfolge erzählen

- Das Wichtigste ist, jedes Bild **ganz genau zu betrachten!** Deine Geschichte muss genau dazu passen. Achte deshalb auch auf Einzelheiten.
- Besondere Aufmerksamkeit solltest du den abgebildeten **Personen** schenken.
- **Zwischen den einzelnen Bildern** muss ein **Zusammenhang** hergestellt werden. So ergibt sich ein **Handlungsverlauf**.
- Damit eine logische Geschichte entsteht, dürfen **Einzelheiten ergänzt** werden, die nicht auf den Bildern zu sehen sind.
- Der **Aufbau** ist der gleiche wie bei anderen Erzählungen, er besteht aus Einleitung – Hauptteil mit Höhepunkt – Schluss.
- Vergiss auch hier eine spannende und passende **Überschrift** nicht.

Abbildung 1

1. Schritt: Bilder richtig deuten

Um genau zu erfassen, was auf einem Bild dargestellt ist, kann ein Fragenkatalog helfen. Beantworte vor dem Schreiben immer möglichst viele dieser Fragen.

WISSEN

Bilder richtig deuten

- **Was** ist abgebildet? **Wie viele und welche Figuren** sind auf dem Bild zu sehen?
- An welchem **Ort** oder in welcher **Umgebung** befinden sich die Figuren (z. B. Gebäude, Straße, Landschaft)?
- Welche **Tages-** und **Jahreszeit** herrscht?
- Was erfährst du **über die Figuren** (z. B. Geschlecht, Alter, Kleidung, Beruf ...)?
- In welcher **Beziehung** stehen die Figuren zueinander?
- Was **tun** die Figuren?
- Was **denken, fühlen** oder **sagen** die Figuren wohl? Achte auf ihre **Gestik** (Körperhaltung und Bewegungen) und ihre **Mimik** (Gesichtsausdruck)! Welche **Gefühle** und **Stimmungen** kannst du daran erkennen?
- Was ist wohl **vor** der abgebildeten Szene passiert? Was wird **danach** passieren?

BEISPIEL

Fragen	Notizen zu Abbildung 1 (S. 29)
Wie viele und welche Figuren sind zu sehen?	fünf Personen, vermutlich alle männlich
In welcher Umgebung befinden sie sich? Welche Zeit herrscht?	gemeinsam in einem Schlauchboot auf einem Fluss mit Felsen, tagsüber
Was erfährst du über die Figuren?	Jugendliche/Schüler, alle tragen Schwimmwesten, drei auch Helme
In welcher Beziehung stehen die Figuren zueinander?	z. B. eine Freundesclique oder Mitglieder eines Sportvereins oder Schüler einer Klasse
Was tun die Figuren?	vier paddeln, um das Boot zu lenken, der vorderste Junge gibt evtl. Anweisungen
Was denken, fühlen oder sagen die Figuren?	alle sind fröhlich, lächeln oder lachen, freuen sich über den Ausflug/das Abenteuer
Was ist wohl vor der Szene passiert?	sie haben eine brenzlige Stelle/Stromschnelle erfolgreich gemeistert, ohne zu kentern
Was wird danach passieren?	sie paddeln ans Ufer und legen eine Pause ein

22 Deute die Situation auf dem folgenden Bild. Nutze dazu den Fragenkatalog. Fülle die rechte Tabellenspalte aus.

Abbildung 2

Fragen	Notizen zu Abbildung 2
Wie viele und welche Figuren sind zu sehen?	
In welcher Umgebung befinden sie sich? Welche Zeit herrscht?	
Was erfährst du über die Figuren?	
In welcher Beziehung stehen die Figuren zueinander?	
Was tun die Figuren?	
Was denken, fühlen oder sagen die Figuren?	
Was ist wohl vor der Szene passiert?	
Was wird danach passieren?	

Hinweis zu Aufgabe 23. Bei dieser Aufgabe hast du die Wahl zwischen einer **einfacheren** 23 und einer **schwierigeren** 23 **Variante**. Wenn du dich für die schwierigere Aufgabe entscheidest, dann decke den Wortspeicher zu.

23 Ordne den Gesichtern (unten) jeweils ein Adjektiv zu, das zu der Mimik passt. Du kannst aus diesen auswählen:

> angespannt ■ ängstlich ■ begeistert ■ entspannt ■ erschrocken ■ erstaunt ■ fröhlich ■ nachdenklich ■ überrascht ■ unglücklich ■ verärgert ■ verschmitzt ■ verträumt ■ verwirrt ■ verzweifelt ■ wütend ■ zufrieden

23 Finde zu jedem der Gesichter ein Adjektiv, das zur jeweiligen Mimik passt. Schreibe es darunter.

TIPP
Bei manchen Gesichtsausdrücken können sich **mehrere Adjektive** eignen. Versuche immer, das am besten passende zu finden.

a 

b 

c 

d 

e 

f 

g 

h 

i 

j 

k 

l 

24 Sieh dir die beiden Bilder genau an. Beschreibe dann die Gestik (Körperhaltung, Bewegungen) und Mimik (Gesichtsaudruck) der abgebildeten Figuren. Notiere auch, welche Gefühle die jeweilige Person haben könnte, was sie in diesem Moment sagen oder denken könnte und was möglicherweise direkt zuvor passiert ist. Du kannst für deine Antworten Stichworte verwenden.

Abbildung 3

Abbildung 4

	Notizen zu Abbildung 3	Notizen zu Abbildung 4
Gestik		
Mimik		
Gefühle		
Aussage / Gedanke (wörtliche Rede)		
Auslöser / vorausgegangenes Ereignis		

2. Schritt: Zusammenhänge erkennen

Wenn du die einzelnen Bilder richtig erfasst hast, versuchst du, Zusammenhänge zwischen ihnen herzustellen: Wie ergibt sich das zweite Bild aus dem ersten? Was passiert dazwischen? usw. Achte auf **Details und Veränderungen** in den Bildern und stelle **logische Verbindungen** her.

TIPP

Oft lassen die Bilder schon ahnen, wie es weitergeht. Manchmal erlebt man aber auch **Überraschungen**, z. B. eine unerwartete oder lustige Wendung am Schluss.

25 Die folgenden sechs Bilder gehören zu dem *Calvin und Hobbes*-Comic auf der nächsten Seite (Seite 35). Aber welches Bild gehört an welche Stelle?
Sieh dir alle Zeichnungen über den Jungen Calvin und seine Klassenkameradin Susi genau an. Finde eine logische Abfolge der Handlung. Trage dementsprechend bei jedem Bild ins Kästchen die passende Nummer ein.

◆ 3. Schritt: Einen Schreibplan erstellen

Sind die richtige Reihenfolge der Bilder und die Zusammenhänge klar, planst du den **Aufbau** deiner Geschichte. Nach dem bekannten Gerüst aus Einleitung – Hauptteil – Schluss erstellst du einen **Schreibplan**.

TIPP

Versuche, für **jedes Bild** eine **Überschrift** zu finden oder die dargestellte Handlung in einem **kurzen Satz** zusammenzufassen. So hast du die einzelnen Erzählschritte schon festgelegt.

26 Ergänze im Schreibplan zu dieser Bildergeschichte die fehlenden Erzählschritte – notiere zu jedem Bild einen kurzen Satz. Kennzeichne den Höhepunkt mit: ★.

Bild 1	■ Zwei Jungen prügeln sich (Ich-Erzähler und ein Freund).
Bild 2	
Bild 3	
Bild 4	
Bild 5	
Bild 6	■ Die Väter prügeln sich, die Jungen spielen friedlich daneben.

4. Schritt: Einleitung und Schluss erfinden, die Handlung ausschmücken

WISSEN

Eine Bildergeschichte vervollständigen

Um eine vollständige Geschichte erzählen zu können, muss einiges zu den Bildern dazuerfunden werden, z. B.:

- Namen für die Figuren
- evtl. der Ort und die Zeit
- eine kleine Vorgeschichte
- was zwischen den Bildern passiert
- die innere Handlung
- ein passendes Ende

TIPP

Wichtig: Alles, was du ergänzt, muss **zum Geschehen auf den Bildern und zu deiner Erzählung passen**. Es darf nicht von der eigentlichen Handlung wegführen!

27 In dieser Einleitung ist die Fantasie etwas zu sehr mit dem Verfasser durchgegangen. Verbessere den Einleitungstext, indem du Informationen durchstreichst, die nicht hineingehören, z. B. weil sie nicht zur Geschichte passen. Markiere außerdem farbig mindestens eine Stelle, die dir besonders gut gefällt.

Gestern spielte ich nach der Schule mit meinem Freund Paul Fußball. Wir spielten stundenlang. Ich schoss viel mehr Tore als er und das, obwohl er mich foulte. Später gingen wir beide nach Hause und machten aus, uns heute wieder zum Spielen zu treffen. Heute war ein sehr schöner, sonniger Tag und noch dazu Ferien! Deshalb sprang ich morgens fröhlich aus dem Bett und ging gleich nach dem Frühstück hinaus in den Hof. Paul wartete schon auf mich. „Wollen wir Kniffel spielen?“, fragte er. Wir spielten eine Weile, aber ich verlor immer. Und dabei habe ich sonst meistens Glück, zum Beispiel, wenn wir mit der Familie das Leiterspiel spielen. Da würfle ich immer so, dass ich nur die Felder treffe, bei denen ich hinaufklettern kann, während meine Schwester ständig abstürzt. Mir kam Pauls Glückssträhne irgendwann komisch vor. Deshalb rief ich: „Du schummelst ja!“ „Tu ich nicht!“, schrie darauf Paul. „Tust du wohl!“, hielt ich dagegen. Während ich sah, wie sich mein großer Bruder gerade näherte, stürzte sich Paul auf mich. Ich wehrte mich natürlich und so waren wir bald mitten in einer heftigen Rauferei.

Wenn du nicht mehr genau weißt, wie eine **Einleitung** aussehen soll, lies noch einmal in Kapitel 1, „Von Erlebnissen und Ereignissen erzählen“, auf Seite 8 nach.

28 Hier ist nun die Geschichte. Leider hat der Schreiber wieder nicht alles bedacht. Meist hat er vergessen, auch die Gefühle und Gedanken der Figuren darzustellen. Ergänze die fehlenden Teile der Erzählung, insbesondere die innere Handlung.

Informationen über die **innere Handlung** findest du im Grundlagenkapitel „Von Erlebnissen und Ereignissen erzählen“ ab Seite 13.

Heute war ein sehr schöner, sonniger Tag und noch dazu Ferien! Deshalb sprang ich morgens fröhlich aus dem Bett und ging gleich nach dem Frühstück hinaus in den Hof. Mein Freund Paul wartete dort schon auf mich. Wir hatten uns für heute verabredet und wollten eigentlich Fußball spielen. Aber Paul hatte einen anderen Vorschlag. „Wollen wir Kniffel spielen?“, fragte er.

Wir spielten eine Weile, aber ich verlor immer. Irgendwann kam mir Pauls Glückssträhne komisch vor. Deshalb rief ich: „Du schummelst ja!“ „Tu ich nicht!“, schrie darauf Paul. „Tust du wohl!“, hielt ich dagegen. Da stürzte sich Paul auf mich. Ich wehrte mich natürlich und so waren wir bald mitten in einer heftigen Rauferei.

Paul schlug ziemlich fest zu. ______________________________

____

____

____

____

____

Weinend lief ich zu Papa und rief: „Paul hat mich geschlagen!“

Papa sagte tröstend: „Ist schon gut, Junge, beruhige dich! Ich werde mal ein ernstes Wörtchen mit Paul reden!“ Er nahm mich an der Hand und eilte sofort los in die Richtung, die ich ihm gezeigt hatte. ______________________________

____

____

Doch auf halbem Weg kamen uns bereits Paul und sein Vater, Herr Bernbacher, entgegen. ______________________________

____

„Was fällt Ihrem unverschämten Bengel ein, meinen Sohn zu schlagen?“, brüllte Pauls Vater aufgebracht. „Aber Ihr Rotzlöffel von Sohn hat doch mein Kind verprügelt“, erwiderte Papa empört. „Sie sind ja total bescheuert! Und unfähig zur Kindererziehung obendrein!“, zeterte Herr Bernbacher weiter. Da wurde Papa so zornig, dass er sein Gegenüber am Mantelkragen packte. Daraufhin holte Pauls Vater wutentbrannt aus, aber bevor er zuschlagen konnte, reagierte mein Vater schon und verpasste ihm eine kräftige Ohrfeige. Der Gegenschlag ließ nicht lange auf sich warten und die beiden fingen an, wie die Wilden zu raufen. Paul und ich beobachteten das Geschehen sprachlos. Irgendwann stieß Paul mich an und fragte: „Wollen wir weiter kniffeln?“

Das taten wir, und als Papa schließlich mit zahlreichen blauen Flecken den Heimweg antrat, waren Paul und ich schon wieder die besten Freunde. ________________

____

◆ 5. Schritt: Sich einen Titel ausdenken

WISSEN

Einen passenden Titel finden

Der Titel deiner Geschichte sollte …

- zum Inhalt der Erzählung passen.
- nicht zu lang sein.
- Interesse für die Geschichte wecken bzw. neugierig machen.
- leicht verständlich und gut formuliert sein.
- nicht zu viel verraten.
- treffend sein, d. h. weder zu allgemein noch auf nebensächliche Details beschränkt.

29 Jetzt fehlt nur noch ein passender Titel für die Erzählung.
Welcher gefällt dir am besten? Kreuze an.
Du kannst dir auch selbst einen ausdenken.

- ☐ Die wütenden Väter
- ☐ Mein Vater, der Held
- ☐ Gewalt lohnt sich nicht
- ☐ Vater und Sohn
- ☐ Pack schlägt sich, Pack verträgt sich
- ☐ ________________________

Vertiefe dein Wissen

3 Reizwortgeschichten erzählen

Beim Erzählen von Reizwortgeschichten musst du dir einen Zusammenhang zwischen einigen **scheinbar unzusammenhängenden Wörtern** überlegen. Dabei kannst du deine **Fantasie** spielen lassen.

WISSEN

Zu Reizwörtern erzählen

- Die Grundlage der Reizwortgeschichte bilden **drei bis fünf vorgegebene Wörter**. Manchmal kannst du auch aus einer Liste von Wörtern auswählen.
- In der Erzählung müssen die Reizwörter nicht nur erwähnt werden, sondern eine **entscheidende Rolle** spielen.
- Die Reizwörter können **in beliebiger Reihenfolge** in der Geschichte vorkommen.
- Oft wird durch die Reizwörter der **Aufbau** schon angedeutet. Wichtig ist auch hier, im Hauptteil **Schritt für Schritt** bis zum Höhepunkt **Spannung** aufzubauen.

Schreibziel Aufgaben 30–35

Verfasse eine zusammenhängende und spannende Geschichte in der Ich-Erzählform zu folgenden Reizwörtern: *Katze – Herd – Feuerwehr*.

◆ 1. Schritt: Eine Stoffsammlung anlegen, Zusammenhänge schaffen

Überlege dir zunächst, wie die gegebenen Reizwörter zusammenhängen könnten und was in deiner Erzählung passieren soll. Um auf **Ideen** für eine interessante Handlung zu kommen, notierst du dir am besten spontan, was dir zu den einzelnen Begriffen einfällt. Zusätzlich kannst du dich auch an den **W-Fragen** *(Wer? Wo? Was? Wann? Wie? Warum? Welche Folgen?)* orientieren. Bei so einer **Stoffsammlung** bringt dich schnell ein Gedanke zum nächsten und du kannst leicht auf mögliche Verbindungen zwischen den einzelnen Begriffen kommen. Wähle am besten eine dieser Formen:

- ein **Cluster:** Dabei sammelst du alle deine spontanen Einfälle rings um die Reizwörter und verbindest durch Linien das, was zusammenpassen könnte.
- eine **Mindmap:** Diesen „Gedankenbaum“, der sich immer weiter verzweigt, kennst du schon aus Kapitel 1. Sieh noch mal auf Seite 10 nach!
- eine **Stichwortliste:** Hier sammelst du deine Ideen in Gruppen unter verschiedenen Oberbegriffen, z. B. den W-Fragen.

TIPP

Wenn es dir schwerfällt, Zusammenhänge zwischen den Begriffen herzustellen, kannst du dir auch **Bilder zu den Wörtern** vorstellen und diese wie bei der Bildergeschichte verbinden (vergleiche „Nach Bildern erzählen“, ab Seite 29 in diesem Kapitel).

BEISPIEL

Cluster:

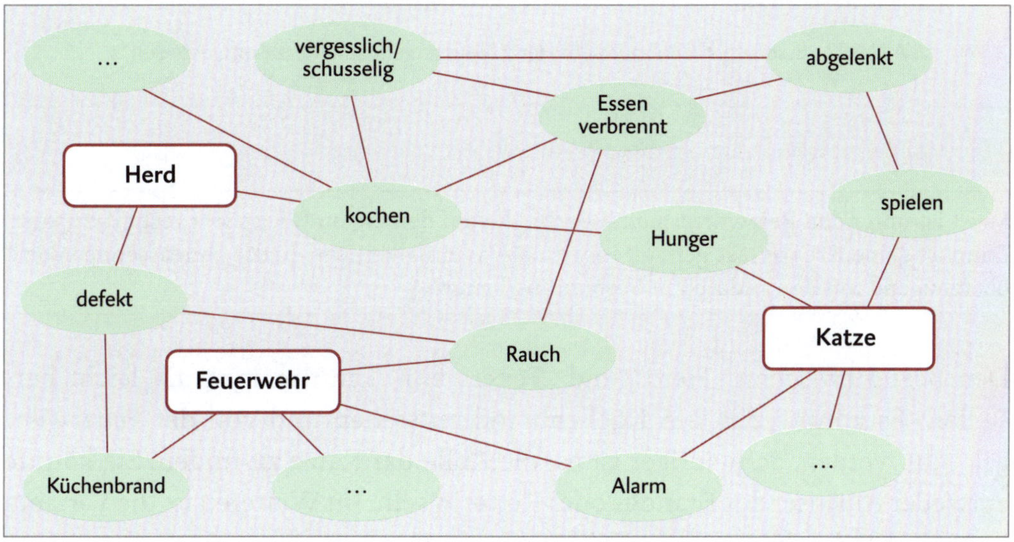

BEISPIEL

Mindmap:

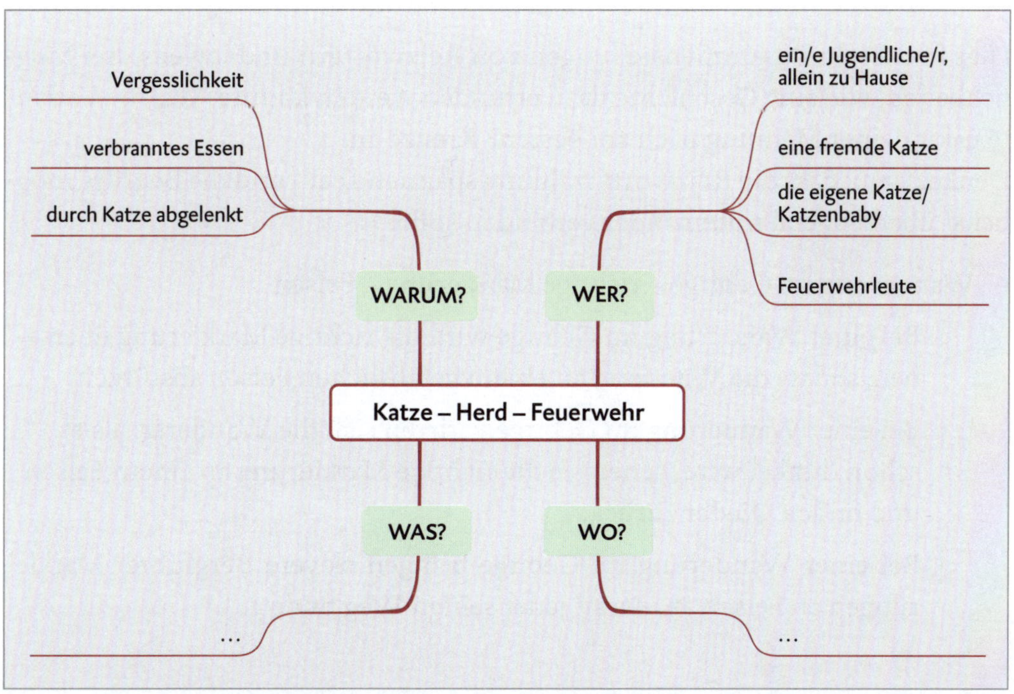

BEISPIEL

Stichwortliste:

- **WER?** Katze, Jugendliche/r, keine Eltern/Erwachsenen, Feurwehrleute …
- **WO?** zu Hause, in der Küche, am Herd, im eigenen Zimmer …
- **WAS?** Feuer in der Küche, Brand in der Wohnung …
- **WARUM?** Essen verbrennt auf dem Herd, Herd angelassen, Kerze umgestoßen …

TIPP

Meist ist unter den Reizwörtern ein Begriff, der auf den ersten Blick nicht recht dazupasst. Dann ist deine **Kreativität** gefragt! Lass dir etwas einfallen, wie du das „unpassende Wort“ überzeugend mit den anderen in Verbindung bringst.

BEISPIEL

Den Bezug zwischen „Herd“ und „Feuerwehr“ kann man relativ leicht herstellen: Es könnte z. B. ein Küchenbrand entstehen und von der Feuerwehr gelöscht werden. Schwieriger ist es, die Rolle der Katze zu finden. Sie könnte entweder Auslöser des Brandes oder Retterin sein. Im Weiteren ist die Variante gewählt, bei der die Katze das Schlimmste verhindert.

30 Hier findest du Zusammenstellungen von Reizwörtern und jeweils drei Möglichkeiten, wie eine Geschichte dazu erfunden werden könnte. Welche Variante passt deiner Meinung nach am besten? Kreuze an.
Denke daran, dass die Reizworterzählung spannend sein und die Begriffe möglichst überzeugend miteinander verbinden sollte.

a Wanderung im Gebirge – richtige Markierung – Felsen

- ☐ Bei einer Wanderung im Gebirge wird die richtige Markierung übersehen, sodass die Wanderer an einem gefährlichen Felsen abstürzen.
- ☐ Bei einer Wanderung im Gebirge verirren sich die Wanderer; als es schon dunkel wird, sehen sie die richtige Markierung an einem Felsen und finden wieder zurück.
- ☐ Bei einer Wanderung im Gebirge bringen clevere Bergführer Markierungen an Felsen an, damit jeder seinen Weg findet.

b Angeber – Zehnmeterturm – Schwimmbad – Notarzt

- ☐ Ein angeberischer Notarzt springt im Schwimmbad vom Zehnmeterturm, woraufhin ihm alle zujubeln.
- ☐ Ein Angeber, der sich wichtigmachen will, ruft im Schwimmbad den Notarzt und erzählt, dass jemand vom Zehnmeterturm gefallen ist.
- ☐ Ein Angeber springt im Schwimmbad vom Zehnmeterturm, fällt jedoch so unglücklich, dass der Notarzt geholt werden muss.

◆ 2. Schritt: Den Aufbau festlegen, einen Schreibplan erstellen

Jetzt kannst du dir überlegen, wie deine Geschichte aufgebaut sein soll. Wie bei anderen Erzählungen ist es wichtig, **Spannung aufzubauen**. Die einzelnen Erzählschritte führen nach und nach zur spannendsten Stelle hin, zum **Höhepunkt**. Halte die Schritte in einem Schreibplan fest. Er dient dir während des Schreibens als Orientierung.

31 Ergänze in folgendem Schreibplan zur Geschichte mit der Katze, dem Herd und der Feuerwehr die fehlenden Erzählschritte. Bestimme auch, wo der Höhepunkt sein soll. Kennzeichne ihn durch ein Sternchen.

Einleitung	Ich-Erzählerin und Katze allein zu Hause
Hauptteil	
1. Erzählschritt	______________________________
	______________________________
	______________________________
2. Erzählschritt	■ Ich-Erzählerin isst
	■ Katze bekommt auch etwas Pfannkuchen ab
3. Erzählschritt	______________________________
	______________________________
	■ Rauch dringt aus der Küche
	______________________________
4. Erzählschritt	■ Ich-Erzählerin ruft Feuerwehr
	■ Wohnungsbrand wird in letzter Minute gelöscht
Schluss	______________________________

Vertiefe dein Wissen

◆ 3. Schritt: Die innere Handlung darstellen

Nachdem die äußere Handlung klar ist, musst du dir nun überlegen, welche innere Handlung stattfindet, also welche **Gefühle und Gedanken** die am Geschehen beteiligten Personen hegen. Dazu kannst du den einzelnen Erzählschritten jeweils ein Adjektiv zuordnen, das die **Stimmung der Hauptperson(en)** im jeweiligen Teil der Erzählung am besten wiedergibt.

32 Wie fühlt sich die Hauptfigur zu welchem Zeitpunkt der Geschichte mit Herd, Feuerwehr und Katze? Ordne den einzelnen Erzählschritten sowie Einleitung und Schluss Adjektive zu, die die Stimmung möglichst treffend wiedergeben. Schreibe sie beim Schreibplan (Aufgabe 31) an der passenden Stelle an den Rand. Du kannst aus diesen auswählen oder dir selbst Adjektive überlegen:

> überglücklich ■ ärgerlich ■ erleichtert ■ müde ■ froh ■ traurig ■ genießerisch ■ aufgeregt ■ ernst ■ versunken ■ angsterfüllt ■ dankbar ■ ruhig ■ abgelenkt ■ wütend ■ fröhlich ■ hektisch ■ zufrieden ■ erschrocken ■ enttäuscht ■ begeistert ■ panisch ■ eifrig

◆ 4. Schritt: Anschaulich und lebendig erzählen

Damit deine Erzählung interessant zu lesen ist, musst du sie auch sprachlich ansprechend gestalten. Ein Mittel, das den Text **lebendig** wirken lässt, ist **wörtliche Rede**.

Außerdem sollte deine **Wortwahl** möglichst **treffend und anschaulich** sein. Am besten überlegst du dazu vor dem Schreiben, um welche **Wortfelder** sich deine Geschichte dreht. Dann sammelst du möglichst viele ausdrucksstarke Begriffe, vor allem Adjektive und Verben, zu diesen Bereichen. So kannst du in deinem Text leicht für **sprachliche Abwechslung** sorgen und die Wiederholung immer gleicher Wörter vermeiden.

33 Ergänze in den Sätzen die fehlenden Adjektive und Verben aus dem Wortfeld „kochen/ backen". Wähle möglichst treffende Begriffe, sodass die Sätze anschaulich wirken. Verwende bei Verben die Vergangenheitsform. Ein Beispiel ist schon vorgegeben.

a In der *heißen* Pfanne __________ das Fett.

b Ich __________ den __________ Teig in die Pfanne.

c Der __________ Pfannkuchen __________ in der Pfanne.

d __________ ließ ich den fertigen Pfannkuchen von der Pfanne auf den Teller __________ .

e Vor dem Essen __________ ich den Pfannkuchen mit __________ Nuss-Nugat-Creme.

34 In dieser Aufgabe dreht sich alles rund ums „Feuer". Verbessere die folgenden, etwas langweilig geratenen Sätze, indem du die kursiv gedruckten Wörter durch anschaulichere Begriffe ersetzt. Du darfst die Sätze dazu auch leicht verändern.

a *Großer* Rauch *kam* aus der Küche.

____

b Der Rauch *tat* mir in den Augen *weh*.

____

c Minka *berührte* mich sanft mit der Schnauze.

____

d Die Feuerwehrleute *gingen* ins Haus.

____

e Ich *ging* durch den dicken Qualm.

____

35 Hier ist nun die gesamte Reizwortgeschichte. Allerdings hat der Verfasser darin die wörtliche Rede vergessen. Wandle die markierten Stellen in wörtliche Rede um. Wenn nötig, kannst du den Text dazu ergänzen oder etwas abwandeln.

Zum Glück gibt's Minka

An diesem Samstag hatten meine Eltern beschlossen, eine Bergtour zu machen. Da ich Wanderungen hasse, erlaubten sie mir, allein zu Hause zu bleiben. Ich freute mich auf einen ruhigen Tag, an dem ich tun konnte, was ich wollte. Bei mir war nur Minka, unsere grau getigerte Hauskatze.

Gegen Mittag bekamen wir beide Hunger. Ich füllte Minkas Napf mit Katzenfutter und versprach ihr zur Feier des Tages noch eine besondere Nachspeise. Ich hatte vor, Pfannkuchen zu backen, denn die kann ich ziemlich gut. Schnell vermischte ich Mehl, Milch und Eier und stellte eine Pfanne auf den Herd. Die Platte drehte ich auf die höchste Stufe. Es zischte, als ich die Butter hineingab, und schon bald brutzelte der erste Pfannkuchen im heißen Fett. Ein köstlicher Geruch stieg auf und machte mir Appetit. Zu Minka gewandt stellte ich fest, wie lecker es roch. Wie der perfekte Pfannkuchen aus dem Kochbuch lag er da in der Pfanne – goldbraun und rund wie ein Vollmond. Jetzt musste ich nur noch schnell den Tisch decken, und dann wartete auch schon das Festmahl auf mich. Vorsichtig ließ ich die fertigen Pfannkuchen von der Pfanne auf den Teller gleiten und bestrich sie anschließend einen nach dem anderen mit süßem Nutella.

Minka blickte mich erwartungsvoll an und so gab ich ihr auch ein paar Stückchen in ihre Katzenschüssel, obwohl Pfannkuchen eigentlich nichts für Katzen sind.

So verzehrten wir beide unser Mittagessen. Es war ein Genuss!
Danach räumte ich geschwind die Teller weg und lief in mein Zimmer, denn ich hatte vor, Hausaufgaben zu machen. Ich war gerade in eine Matheaufgabe vertieft, als Minka die Tür aufstieß und auf den Schreibtisch hüpfte. Ich fragte sie, was los sei. Sie aber stupste mich nur immer wieder sanft mit der Nase an und als ich nicht weiter reagierte, begann sie laut zu miauen. Schließlich sprang sie wieder vom Tisch und lief zur Tür, als wollte sie mir etwas sagen. Ich beschloss ihr zu folgen, und da sah ich es schon: Aus der Küche drang dichter Qualm und es roch nach verbranntem Fett. Ich dachte an die Herdplatte – ich hatte vergessen, sie auszuschalten!
Ich renne zur Küche, doch der Rauch brennt mir in den Augen, sodass ich kaum vorwärts komme. Minka miaut unentwegt. Panisch stürze ich zum Telefon und wähle die Notrufnummer. Unter Husten und Keuchen kann ich gerade noch meinen Namen und meine Adresse sagen, schon holt mich der Rauch ein. Ich packe Minka und stolpere mit ihr zu Tür hinaus. In diesem Augenblick traf zum Glück mit lautem Alarm auch schon die Feuerwehr ein. Die Feuerwehrleute überblickten die Lage sofort und begannen im Nu mit den Löscharbeiten. In wenigen Minuten war der Rauch verschwunden.
Sehr erleichtert stand ich mit Minka vor dem Haus. Ein Feuerwehrmann erklärte mir, dass glücklicherweise nichts Schlimmeres passiert sei, nur in der Küche sei die Wand etwas verkohlt. Und das alles, weil ich so schnell reagiert hätte. Aber es stimmte ja nicht, es war Minka, die mich gerettet hatte. Dafür hatte sie sich tatsächlich noch einen extra Nachtisch verdient – aber sicher keinen Pfannkuchen mehr!

Test 2

Zeit: 60 Minuten

___ von 10

1 Auf welche Art von Erzählung treffen diese Merkmale zu?
Kreuze in jeder Zeile **alle** richtigen Antworten an.

Merkmal	Nacherzählung	Erzählung nach Bildern	Reizwortgeschichte
a Ich muss mich an der Vorlage bzw. den Vorgaben orientieren.	☐	☐	☐
b Hier ist genaues Beobachten ganz wichtig.	☐	☐	☐
c Ich kann mir selbst etwas ausdenken.	☐	☐	☐
d Die handelnden Personen sind mir in der Regel vorgegeben.	☐	☐	☐
e Ich stelle selbst logische Zusammenhänge her.	☐	☐	☐
f Der Ausgang der Geschichte ist festgelegt.	☐	☐	☐
g Die Sprache ist lebendig und anschaulich.	☐	☐	☐
h Ich darf nichts hinzuerfinden.	☐	☐	☐
i Ich sollte wörtliche Rede einbauen.	☐	☐	☐
j Von den drei Erzählformen ist diese die freieste.	☐	☐	☐

> Wähle aus, welche der Erzählformen du jetzt noch einmal üben möchtest.
> Bearbeite **eine** der folgenden Aufgaben (2, 3 oder 4).

___ von 5

2 **a** Markiere in der folgenden Sage die wichtigen Stellen, das heißt alle Informationen, die du beim Nacherzählen berücksichtigen musst.

___ von 15

b Schreibe eine Nacherzählung zu der Sage. (→ Heft)

Die Sage von der Steinernen Brücke zu Regensburg

In Regensburg wurden zur gleichen Zeit die Steinerne Brücke über die Donau und der Dom gebaut. Der Baumeister der Steinernen Brücke war der Lehrling des Dombaumeisters. Sein Wunsch war es seit Langem, den Meister zu übertrumpfen. Da schloss er mit ihm eine Wette ab, wer als Erster mit seinem Bauwerk fertig würde. Als der Dombau aber schneller voranging als der Bau der Steinernen Brücke, wusste der Lehrling nicht mehr aus noch ein und bat den Teufel um Hilfe. Der sagte: „Ich werde dir gern beistehen, doch als Lohn verlange ich die ersten drei Seelen, die über die Brücke gehen." Der Brückenbaumeister war einverstanden, und schon schleppte der Teufel Steine und half auch beim Mauern. Als der Dombaumeister wieder einmal vom Turm seines Bauwerkes herunterblickte, sah er mit Schrecken, wie schnell der Bau der Brücke voranging. So sehr konnte er den Dombau nicht mehr beschleunigen, dass er die Wette gewinnen würde! Tiefe Verzweiflung packte den Meister, als ihm das klar wurde.

So wurde die Brücke als Erstes fertig. Der Lehrling war zufrieden, doch nun verlangte der Teufel seinen Lohn. Der Baumeister erschrak, denn die Eröffnung der Brücke stand unmittelbar bevor. Er dachte: „Es ist üblich, dass der Baumeister und sein Gehilfe als Erste die Brücke betreten. Das heißt, dass uns der Teufel holen wird. Was soll ich nur tun?"

Er überlegte hin und her und schließlich fiel ihm etwas ein. Bei der feierlichen Eröffnung schickte er zuerst einen Hahn, eine Henne und einen Hund über die Brücke. Da wurde der Teufel so zornig, dass er versuchte, die Brücke zu zerstören. Doch die war ja von ihm selbst so solide gebaut, dass es ihm nicht gelingen wollte. Da fuhr er mit ungeheurem Wutgeheul zurück in die Hölle. Aber ein kleiner Buckel blieb von seinem Zerstörungsversuch in der Brücke zurück und ist bis heute sichtbar.

___ von 5

___ von 15

3 **a** Bringe die Bilder in die richtige Reihenfolge. Nummeriere sie von 1 bis 6.

b Schreibe eine Erzählung zu der Bildfolge. (→ Heft)

___ von 5

___ von 15

4 **a** Erstelle eine Stoffsammlung in Form einer Mindmap für eine Reizwortgeschichte zu den unten genannten Reizwörtern. (→ Heft)

b Schreibe auf der Grundlage deiner Stoffsammlung eine Erzählung zu diesen Reizwörtern. (→ Heft)

REIZWÖRTER: Fahrradhelm ■ 13 Uhr ■ Kaninchen ■ Linksabbieger

Gesamt:

______ von 30

Tipp: Nutze den Überarbeitungsbogen auf Seite 96–98, um einzuschätzen, ob deine Erzählung gelungen ist.

++	+	0	–
30–25 P.	24–16 P.	15–7 P.	unter 7 P.

Zu vorhandenen Textteilen erzählen

1 Einen Erzählkern ausgestalten

Einen Erzählkern ausgestalten heißt, **aus einer kurzen Information**, z. B. einer Zeitungsmeldung, einem Bericht oder einer Schlagzeile, eine **spannende Erzählung** zu machen. Eine Meldung oder ein Bericht fassen nur die wichtigsten Fakten zu einem Ereignis kurz zusammen. Noch knappere Informationen liefert eine Schlagzeile. Wie genau das Geschehen abgelaufen ist, muss man sich **selbst dazudenken**. In unserer Vorstellung entsteht dann eine Geschichte, die die **Gefühle** der beteiligten Personen einschließt und zusätzliche **Details** enthält, die in der Meldung oder Schlagzeile nicht genannt sind.

TIPP

Eine **Zeitungsmeldung** ist sehr kurz und enthält nur die zentralen Informationen über ein Ereignis. Ein **Zeitungsbericht** ist etwas länger und informiert oft zusätzlich über Hintergründe.

WISSEN

Einen Erzählkern ausgestalten

- Wie bei jeder Erzählung müssen in der ausgestalteten Geschichte die **W-Fragen** beantwortet werden: *Wann? Wer? Wo? Was? Warum? Wie? Welche Folgen?*
- Um einen Schreibplan erstellen zu können, ist es wichtig, nachzuvollziehen, **was der Reihe nach passiert ist**. Im Gegensatz zu anderen Erzählungen sind dir die wichtigsten Schritte der Handlung schon vorgegeben.
- **Details** und **innere Handlung** sind unbekannt. Wie die beteiligten Personen heißen, was sie denken, fühlen und sprechen, muss von dir selbst ergänzt werden.
- Sorge für einen **Spannungsbogen** und gestalte den **Höhepunkt** aus.
- **Einleitung** und **Schluss** sowie eine spannende **Überschrift** dürfen nicht fehlen.

Schreibziel Aufgaben 36–41

Verwandle die Zeitungsmeldung *Schüler verhindert Busunfall* (S. 52) in eine spannende Erzählung. Versetze dich in den Schüler, der den Bus rettet, und erzähle in der Ich-Form. Finde auch einen interessanten Titel.

Schüler verhindert Busunfall

Die Geistesgegenwart eines Zwölfjährigen hat im süddeutschen Bad Hindelang einen möglicherweise folgenschweren Schulbusunfall verhindert. Wie die Polizei mitteilte, erlitt der 71-jährige Fahrer des mit 72 Kindern voll besetzten Busses am Steuer vermutlich einen Schlaganfall. Der Junge, der hinter dem Fahrer saß, zog gerade noch rechtzeitig die Handbremse, sodass der Bus an einer Leitplanke zum Stehen kam. Laut Polizei hätte das Fahrzeug wahrscheinlich ohne die Bremsung die Planke überfahren und wäre einen zehn Meter tiefen Abhang hinuntergestürzt.

◆ 1. Schritt: Den Text verstehen, W-Fragen beantworten

Damit du aus einem Erzählkern eine spannende Geschichte machen kannst, ist es wichtig, dass du **genau verstanden** hast, worum es darin geht. Am besten stellst du dir Fragen zum Text und versuchst, sie zu beantworten.

36 Ordne den W-Fragen die passenden Antworten zu, indem du sie durch Linien verbindest. Beziehe dich auf die obige Zeitungsmeldung.

WANN?	in Bad Hindelang/Süddeutschland
WER?	Schüler zieht Handbremse
WO?	am Morgen oder nach Schulschluss
WAS?	Bus stoppt an der Leitplanke
WARUM?	Unfall im letzten Moment verhindert
WIE?	Busfahrer hat Schlaganfall
WELCHE FOLGEN?	zwölfjähriger Junge, Busfahrer, 71 andere Schulkinder

TIPP

Benutze einen farbigen Textmarker, um **Wichtiges** im Zeitungstext zu **markieren**. Du kannst auch mehrere **verschiedene Farben** für verschiedene Inhalte verwenden.

Am besten stellst du dir neben den üblichen W-Fragen weitere **Fragen**, die dir beim Lesen des Berichts, der Meldung oder der Schlagzeile in den Sinn kommen. Diese **Vorbereitung** kann dir später beim Schreiben deiner Erzählung helfen.

TIPP

Findest du die Antworten auf deine Fragen nicht in der Textvorlage, musst du dir **selbst etwas ausdenken**. Das ist erlaubt, es sollte aber immer **zum Rest des Geschehens passen**.

37 Beantworte in Stichworten diese Fragen zur Zeitungsmeldung (Seite 52).

a Wer ist die Hauptperson? ______________________________

b Was empfindet diese Person im entscheidenden Moment? ______________

____

c Wie kommt der Junge, der ja noch keinen Führerschein besitzt, auf die Idee, die Handbremse zu ziehen? ______________________________

◆ 2. Schritt: Den Aufbau festlegen, einen Schreibplan erstellen

Nun kennst du den Inhalt der Zeitungsmeldung. Als Nächstes muss die Reihenfolge der **Handlungsschritte** festgelegt werden – du erstellst einen Schreibplan.

WISSEN

Der Aufbau beim Ausgestalten eines Erzählkerns

Ein Zeitungstext ist **anders aufgebaut** als eine Erzählung. Du darfst deshalb den Aufbau der Textgrundlage nicht einfach übernehmen.

Meldung oder Bericht
- Sie/Er soll den Leser über etwas **informieren**.
- Deshalb werden die **wichtigsten Fakten zuerst** genannt, meist schon im ersten Satz.

Erzählung
- Sie soll den Leser **unterhalten** und muss dazu **Spannung** aufbauen.
- Deshalb werden **Informationen** absichtlich zurückgehalten und erst **nach und nach** gegeben.

Um den **Aufbau deiner Erzählung** festzulegen, gehst du so vor:
- Der Erzählkern wird in **Sinnabschnitte** eingeteilt. Den ersten Satz der Meldung bzw. des Berichts kannst du dabei in der Regel auslassen.
- **Fasse** jeden Sinnabschnitt knapp **zusammen**, d. h. in Stichpunkten oder in kurzen Sätzen. Daraus ergeben sich die einzelnen **Handlungsschritte**, also der Hauptteil.
- Ergänze **Einleitung** und **Schluss** wie bei anderen Erzählformen.

38 a In der folgenden Tabelle ist die Zeitungsmeldung bereits in Sinnabschnitte eingeteilt. Damit daraus ein Schreibplan wird, muss der Inhalt aber noch kurz zusammengefasst werden. Formuliere die einzelnen Erzählschritte immer in wenigen Worten oder finde eine knappe Überschrift, die den jeweiligen Inhalt auf den Punkt bringt.

Schüler verhindert Busunfall – Schreibplan

Die Geistesgegenwart eines Zwölfjährigen hat im süddeutschen Bad Hindelang einen möglicherweise folgenschweren Schulbusunfall verhindert.

Wie die Polizei mitteilte, erlitt der 71-jährige Fahrer des mit 72 Kindern voll besetzten Busses am Steuer vermutlich einen Schlaganfall.	1 ______________________ ______________________ 2 ______________________ ______________________
Der Junge, der hinter dem Fahrer saß, zog gerade noch rechtzeitig die Handbremse, …	3 ______________________ ______________________
… sodass der Bus an einer Leitplanke zum Stehen kam. Laut Polizei hätte das Fahrzeug wahrscheinlich ohne die Bremsung die Planke überfahren und wäre einen zehn Meter tiefen Abhang hinuntergestürzt.	4 ______________________ ______________________ ______________________

b Kennzeichne in der Tabelle, wo sich die spannendste Stelle (Höhepunkt) der Erzählung befinden soll.

◆ 3. Schritt: Die Fakten ausschmücken

Jetzt kennst du die Fakten und den groben Verlauf des Geschehens. Da du aber keinen sachlichen Bericht, sondern eine **lebendige und anschauliche** Erzählung schreiben willst, musst du diese nun **ausschmücken**.

WISSEN

Die Fakten eines Erzählkerns ausschmücken

- Die Geschichte wird lebendiger durch **wörtliche Rede.**
- **Konkrete Einzelheiten** und **genaue Schilderungen** von Details fehlen im Zeitungsbericht/in der Meldung und müssen von dir dazuerfunden werden.
- Durch die Beschreibung der **inneren Handlung**, also von Gedanken und Gefühlen vor allem der Hauptfigur, wirkt die Erzählung anschaulicher.
- Die im Zeitungstext fehlende Spannung muss nach und nach aufgebaut und der **Höhepunkt** bzw. die **spannendsten Stellen** ausgestaltet werden.

Mehr über die **innere Handlung** und darüber, wie man sie in einer Erzählung gekonnt darstellt, erfährst du in den Kapiteln „Von Erlebnissen und Ereignissen erzählen" (ab Seite 13) und „Schildern, inneren Monolog und erlebte Rede nutzen" (ab Seite 85).

39 Hier wurden Ideen zur Ausschmückung des Erzählkerns zusammengetragen: **wörtliche Rede**, **Schilderungen**, **Gedanken und Gefühle der Figuren**. Aber an welcher Stelle passen sie in die Geschichte? Ordne die folgenden Erzählausschnitte den Handlungsschritten **1** bis **4** (siehe Schreibplan auf Seite 54) zu. Trage die Nummer des jeweils passenden Erzählschritts ein.

- Mein Papa hatte mir doch bei einer Busfahrt mal die Handbremse gezeigt! Wo war sie denn noch? Da! ....
- Ich rüttelte ihn wie wild: „He, Herr Tretter, schlafen Sie? Wachen Sie doch auf!" ....
- „Hilfe! Hilfe! Wir stürzen den Abhang runter!", kreischten die anderen. ....
- Heute saß ja wieder der nette pensionierte Busfahrer, Herr Tretter, am Steuer, der manchmal aushalf. ....
- „Gott sei Dank!" Erleichtert sank ich auf den Sitz. ....
- Panik, Schreie, blasse Gesichter ....

- Ich hörte ein Quietschen und Scheppern und dann endlich stand der Bus still. ....
- „Der Bus ist ja wieder mal proppenvoll“, dachte ich genervt, „hoffentlich sind wir bald zu Hause.“ ....
- Mir rann Angstschweiß übers Gesicht. Was sollte ich bloß machen? ....
- „Was ist denn da los?“, rief meine Sitznachbarin. „Der Busfahrer ist ja halb vom Sitz gerutscht!“ ....
- Lachen und Geschrei, fröhliches Durcheinander ....

40 Formuliere nun noch jeweils eine Idee für die Einleitung und den Schluss der Geschichte. Stichwörter genügen.

Einleitung: ______________________________

Schluss: ______________________________

◆ 4. Schritt: Die vollständige Geschichte zum Erzählkern schreiben

Jetzt bist du fast fertig! Du **verknüpfst die vorbereiteten Punkte logisch** und formulierst sie zusammenhängend aus. Zum Schluss brauchst du nur noch eine **Überschrift**, die den Leser neugierig macht.

Zum Finden einer guten **Überschrift**, sieh in Kapitel 2, „Nach Vorgaben und Impulsen erzählen“, auf Seite 39 nach.

41 Schreibe die vollständige Erzählung zur Zeitungsmeldung *Schüler verhindert Busunfall* auf. Nutze dazu deine Ergebnisse aus den vorherigen Aufgaben. Verwende an der spannendsten Stelle (Höhepunkt) das szenische Präsens. Denke dir auch einen interessanten Titel für die Geschichte aus. (→ Heft)

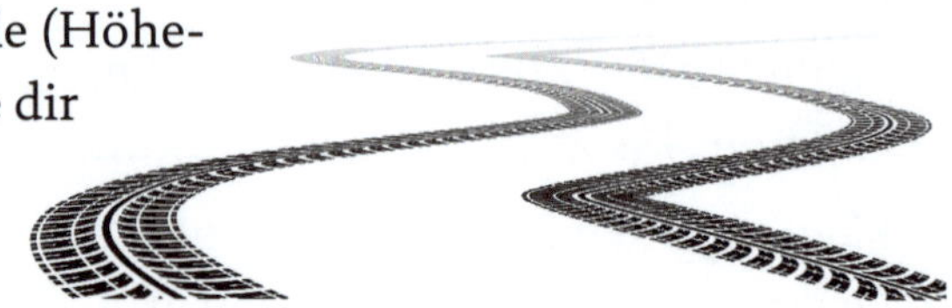

In Kapitel 1, „Von Erlebnissen und Ereignissen erzählen“, auf Seite 15 kannst du dich noch einmal über das **szenische Präsens** informieren.

2 Einen Erzählanfang weiterschreiben

Jan reckte sich und schielte zu der süßen blonden Auszubildenden an der Kasse. [. . .]
Als er hereingekommen war, hatte er bei ihr einen leicht spöttischen Zug um den Mund registriert. Aber jetzt hatte sie den Kopf in den Nacken gelegt. Die Haare fielen nach hinten. Ihre Stirn und ihre seegrünen Augen lagen frei.
Sie starrte entsetzt auf den Lauf einer schwarzen Waffe. Die Mündung war auf sie gerichtet. Sie reckte ihre Arme hoch und zeigte ihre leeren Hände.

Klaus-Peter Wolf: Die Maske. München: ars edition, 2007.

So lautet der Klappentext zum Krimi *Die Maske* – es ist der Anfang der Erzählung; er endet jedoch an der spannendsten Stelle. Der Leser soll das Buch kaufen und es zu Ende lesen. Es geht aber auch anders: Er könnte **den weiteren Gang der Geschichte selbst erfinden**, also den Erzählanfang weiterschreiben.

WISSEN

Einen Erzählanfang weiterschreiben

- Wichtig ist als Erstes das **ganz genaue Lesen** des vorgegebenen Textteils.
- Die Informationen aus dem Erzählanfang müssen in der Fortsetzung berücksichtigt werden. Markiere deshalb am besten farbig die Antworten auf die **W-Fragen:** **Wo** und **wann** spielt die Geschichte? **Wer** ist beteiligt, was erfährt man über die Person(en)? **Was** passiert? **Welche** weitere Handlung oder **Folgen** werden angedeutet?
- Die Geschichte muss **nahtlos** und **logisch** ergänzt werden.
- Die Fortsetzung muss auch **sprachlich zum Erzählanfang passen:** Wenn er zum Beispiel in einer alten Sprache oder mit viel Umgangssprache geschrieben ist, sollte dieser Stil fortgeführt werden.
- Der Spannungsbogen wird fortgesetzt (oder neu aufgebaut) und gipfelt an der oder den **spannendsten Stellen** im Höhepunkt bzw. mehreren Höhepunkten.
- Vor dem Schreiben ist es hilfreich, einen **Schreibplan** zu erstellen.

Außerdem gelten **alle Regeln des Erzählens**, die du schon kennst, zum Beispiel zum Schluss oder zum Titel der Geschichte. Lies, wenn nötig, in den Kapiteln „Von Erlebnissen und Ereignissen erzählen“ (ab Seite 1) und „Einen Erzählkern ausgestalten“ (ab Seite 51) nach.

Schreibziel Aufgaben 42–49

Schreibe den folgenden Erzählanfang rund um das Geschehen auf dem Weihnachtsmarkt weiter, sodass eine spannende und stimmige Geschichte entsteht.

An einem kalten, aber schneefreien Dezembertag fuhr ich mit meinen Inline-Skates auf den Weihnachtsmarkt, um ein Geschenk für meine Mutter zu kaufen. Ich fuhr an wunderschönen Christbaumkugeln, an dem riesigen Tannenbaum mit den vielen Lichtern und am Bratwurststand vorbei. Ich roch Zimt und gebrannte Mandeln. Vor einer übergroßen Krippe stand ein pummeliger Nikolaus mit einem großen Sack über der Schulter. Durch die Menschenmenge versuchte ich näher an ihn heranzukommen, denn sicher verteilte er leckere Süßigkeiten. Urplötzlich riss die in Rot und Weiß gehüllte Gestalt einer älteren Dame die Handtasche von der Schulter und verstaute die Beute blitzschnell in dem Nikolaussack. „Hilfe! Hilfe, man hat mich bestohlen!“, rief die Frau aufgeregt, doch die Passanten achteten kaum auf sie. Währenddessen war der falsche Weihnachtsmann schon dabei, in der Menge zu verschwinden. ...

◆ 1. Schritt: Den Erzählanfang verstehen, Schlussfolgerungen ziehen

Bevor du den Anfang einer Geschichte weiterschreibst, musst du sicher sein, dass du den vorgegebenen Textteil genau erfasst und verstanden hast.

42 Markiere in dem Textanfang oben die Antworten auf diese W-Fragen: *Wer? Wo? Wann? Was? Warum?* Verwende unterschiedliche Farben.

43 Warum sind diese Informationen aus dem Textanfang wichtig? Kreuze passend an.

a schneefreier Dezembertag *(Z. 1)*

- ☐ Wenn Schnee läge, wären weniger Leute auf dem Weihnachtsmarkt.
- ☐ Im Schneegestöber könnte man den Weihnachtsmann nicht sehen.
- ☐ Bei verschneiten Straßen kann man nicht mit Inline-Skates fahren.

b Durch die Menschenmenge versuchte ich näher an ihn heranzukommen … *(Z. 9–11)*

- ☐ Aus der Entfernung kann man den Diebstahl nicht sehen.
- ☐ Ist man weit weg, bekommt man keine Süßigkeiten geschenkt.
- ☐ Zwischen den vielen Menschen ist es nicht so kalt.

c … doch die Passanten achteten kaum auf sie. *(Z. 19)*

- ☐ Deshalb muss die alte Frau lauter rufen.
- ☐ Deshalb muss der Erzähler/die Erzählerin reagieren.
- ☐ Deshalb muss sich der Dieb sofort entschuldigen.

44 Der Textanfang gibt dir einige Informationen zum Geschehen vor. Überlege, welche Auswirkungen sie jeweils auf die Handlung haben. Du kannst stichwortartig antworten. Ein Beispiel ist schon eingetragen.

Informationen aus dem Textanfang	Auswirkungen
■ die Bestohlene ist eine ältere Dame	■ *das Opfer kann sich nicht selbst helfen bzw. sich nicht wehren*
■ der falsche Weihnachtsmann will im Gewühl verschwinden	
■ der Ich-Erzähler/die Ich-Erzählerin ist mit Inline-Skates unterwegs	
■ die mögliche Verfolgungsjagd findet auf einem Weihnachtsmarkt mit seinen Buden und Ständen statt	

2. Schritt: Die weitere Handlung festlegen

WISSEN

Die Fortsetzung der Handlung erfinden

Die für die Fortsetzung selbst ausgedachte Handlung muss zum vorgegebenen Erzählanfang passen. Dazu sollte man …

- **Details** aus dem vorliegenden Textteil im eigenen Text **aufgreifen**,
- **Lücken** und Sprünge im Geschehen sowie **Widersprüche vermeiden**,
- **innere Handlung** und **wörtliche Rede** der beteiligten Figuren hinzufügen (was sie denken, fühlen und sprechen),
- auf **glaubhafte Inhalte** und einen durchgehenden roten Faden achten.

45 Ergänze im Schreibplan zur Weihnachtsmarkt-Geschichte die fehlende Handlung, also die Erzählschritte des Hauptteils und den Schluss. Außer dem Anfang ist dir auch der dritte Erzählschritt (hier der Höhepunkt) bereits vorgegeben. Bedenke, dass er eine logische Folge der vorhergehenden Handlung sein sollte.

Einleitung	Besuch auf dem Weihnachtsmarkt
Hauptteil	
1. Erzählschritt	▪ falscher Weihnachtsmann stiehlt Tasche ▪ Dieb will in der Menge verschwinden
2. Erzählschritt	____________________ ____________________ ____________________
3. Erzählschritt (Höhepunkt)	▪ Weihnachtsschmuck geht zu Bruch ▪ Dieb stolpert über herumliegende Scherben
4. Erzählschritt	____________________
Schluss	____________________

46 Hier ist ein Erzählschritt ausformuliert: Der Ich-Erzähler/die Ich-Erzählerin verfolgt den Dieb. Es fehlen jedoch wörtliche Rede und die innere Handlung (Gefühle oder Gedanken des Erzählers/der Erzählerin). Ergänze sie.

Erzählung	Innere Handlung und wörtliche Rede
Kurzentschlossen nahm ich die Verfolgung auf. Allerdings konnte ich den Dieb in der Menschenmenge bereits kaum mehr sehen, als ich losflitzte. Ich kämpfte mich durchs Gewühl, während die Leute mir begriffsstutzig hinterherstarrten.	

◆ 3. Schritt: Den Sprachstil aufgreifen, den Höhepunkt ausgestalten

Nicht nur den Inhalt, auch die **Sprache** und den **Stil** des Textanfangs musst du dir genau ansehen. Der Leser soll bei deiner Fortsetzung nämlich nicht merken, dass eine andere Person weiterschreibt.

WISSEN

Sprache und Stil beim Weitererzählen

Ahme möglichst die Sprache und den Stil des Textanfangs nach. Achte dazu auf:

- die **Wörter:** Sind sie eher einfach oder speziell? Stammen viele Ausdrücke aus einem bestimmten Bereich oder Fachgebiet? Gibt es Besonderheiten wie neu erfundene Wörter oder Fremdwörter, z. B. aus dem Englischen (Anglizismen)?
- den **Satzbau:** Sind die Sätze überwiegend kurz und leicht verständlich? Oder sind sie lang und kompliziert?
- den **Sprachstil:** Ist der Text in korrekter **Standardsprache** verfasst oder kommt auch **Umgangssprache** darin vor? Klingt die Sprache wie die **von heute** oder etwas **altertümlich**?

47 Entscheide für jede dieser Ausformulierungen, ob sie sprachlich zum Erzählanfang von Seite 58 passt oder nicht. Kreuze an. Begründe für jede Möglichkeit in wenigen Stichworten, warum die Version passend oder unpassend ist.

Erzählung	passend	unpassend	Begründung
Mit meinen krassen Skates konnte ich ihn in null Komma nix schnappen, das checkte ich sofort. Also boxte ich mich gleich übelst durchs Gewühl!	☐	☐	
„Mit den Skates bin ich schneller als er, wenn ihn jemand erwischen kann, bin ich das“, dachte ich und kämpfte mich durchs Gewühl.	☐	☐	
„Mit den fahrenden Schuhen, so ich an den Füßen trage, kann ich in Windeseile den üblen Schelm erreichen“, versetzte ich, nahm schleunigst die Beine in die Hand und stob durch die Menge.	☐	☐	
„Ich trage Inline-Skates, mithin bin ich die Person, der es am ehesten möglich sein wird, den Straftäter zu fassen“, sagte ich und trat den Weg durch die in großer Anzahl um die Verkaufsstände sich aufhaltenden Personen an.	☐	☐	

Hier kannst du noch einmal nachlesen, was beim **Ausgestalten des Höhepunkts** zu beachten ist: „Von Erlebnissen und Ereignissen erzählen“, Seite 15.

48 Die Schülerin Luise hat den Erzählanfang von Seite 58 gelungen fortgesetzt. Nur der Höhepunkt fehlt noch. Ergänze die spannendste Stelle.

TIPP

Verwende für die Ausgestaltung des Höhepunkts das **szenische Präsens**.

… Währenddessen war der falsche Weihnachtsmann schon dabei, in der Menge zu verschwinden.

Kurzentschlossen nahm ich die Verfolgung auf. Allerdings konnte ich den Dieb in der Menschenmenge bereits kaum mehr sehen, als ich losflitzte. „Mit den Skates bin ich schneller als er. Wenn ihn jemand erwischen kann, bin *ich* das“, dachte ich unerschrocken. Ich kämpfte mich durchs Gewühl, während die Leute mir begriffsstutzig hinterherstarrten. Den verdutzten Weihnachtsmarktbesuchern schrie ich verzweifelt zu: „Helft mir, hier ist ein Dieb!“ Vielleicht würde ja jemand die Lage verstehen und die Polizei rufen.

Der Nikolaus merkte nun, dass ich hinter ihm her war. Er beschleunigte sein Tempo, stieß rücksichtslos zur Seite, was ihm im Weg war, und rannte durch die engen Gassen des Weihnachtsmarktes, ohne auf die liebevoll dekorierten Buden oder auf die bummelnden Menschen zu achten. Auf einmal war er komplett aus meinem Sichtfeld verschwunden. Suchend blickte ich mich um, ohne jedoch langsamer zu werden.

____

____

____

____

____

____

____

____

Die Polizei, die in der Zwischenzeit gerufen worden war und die bereits hinter dem Stand gewartet hatte, nahm den diebischen Weihnachtsmann umgehend fest und verfrachtete ihn ins Polizeiauto. Die alte Dame, sie hieß Maria Schmidt, erhielt ihre Handtasche zurück. Die Freude und Erleichterung waren ihr anzusehen. Auch ich war froh, dass alles so glimpflich ausgegangen war, auch wenn ich jetzt immer noch kein Weihnachtsgeschenk für meine Mutter hatte.

„Hier, junges Fräulein“, sagte Frau Schmidt in dem Moment lächelnd und drückte mir zum Dank für meine Hilfe 20 Euro und eine handbemalte Weihnachtskugel aus Porzellan in die Hand, die den ganzen Trubel wie durch ein Wunder heil überstanden hatte. Das perfekte Geschenk für meine Mutter!

49 Jetzt fehlt noch ein spannender und anschaulicher Titel für die Geschichte. Welcher gefällt dir am besten? Begründe deine Wahl kurz.

- ☐ Der Nikolaus – ein Heiliger?
- ☐ Chaos auf dem Weihnachtsmarkt
- ☐ Weihnachtsmann klaut Tasche
- ☐ Der diebische Nikolaus
- ☐ Rettung in letzter Sekunde
- ☐ Die mutige Lena

Begründung: ____

Test 3

Zeit: 60 Minuten

___ von 7 **1** Übe noch einmal, einen Erzählkern auszugestalten: Lies die Zeitungsmeldung. Sie ist bereits in Sinnabschnitte eingeteilt. Fasse jeden Abschnitt in einem Satz zusammen.

Kind bricht ins Eis ein

Freiberg (bw). Einer beherzten Schülerin hat der kleine Lukas A. wahrscheinlich sein Leben zu verdanken.

Lukas (6), der die erste Klasse der Bismarck-Grundschule besucht, war am gestrigen Mittwoch zusammen mit 21 Klassenkameraden und in Begleitung der Lehrerin Luise K. zu einer Wanderung am Weiher im Luisenpark.

Nachmittags entfernte sich der Junge von der Gruppe und betrat den zugefrorenen Weiher. Das Verbotsschild, das von der Stadt dort aufgestellt worden war, konnte der Junge nicht lesen.

Aufgrund der milden Temperaturen der letzten Tage war das Eis des Weihers jedoch sehr dünn und kaum tragfähig. Etwa 20 Meter vom Ufer entfernt brach er deshalb ins Eis ein und konnte sich nicht mehr selbstständig aus dem Wasserloch befreien.

Seine Schreie hörte Sina L. (15), die sich zufällig am Ufer befand.

Die Achtklässlerin robbte auf dem Bauch über das Eis und es gelang ihr, den Jungen aus dem Wasser zu ziehen.

Die Grundschullehrerin, die mittlerweile aufmerksam geworden war, rief per Handy den Notarzt, der bei Lukas einen Schock und leichte Erfrierungen feststellte. Bleibende Schäden trug der Junge aber nicht davon.

Mit einer Belohnung, die nicht näher bekannt ist, haben sich Lukas' Eltern bei der mutigen Schülerin Sina L. bedankt.

Zusammenfassung

- *(Einleitungssatz der Zeitungsmeldung)*
- ______________________________
- ______________________________
- ______________________________
- ______________________________
- ______________________________
- ______________________________
- ______________________________

2 Dies sind acht Schnipsel aus einer Erzählung, die zu der Zeitungsmeldung aus Aufgabe 1 verfasst wurde. Baue die Spannung richtig auf, indem du die Handlungsschritte in der richtigen Reihenfolge von **1** bis **8** nummerierst. ___ von 8

- Mein Herzschlag beschleunigte sich. Hektisch sah ich mich um, doch niemand war zu sehen. „Es kommt jetzt auf dich an!“, sagte ich mir, während ich mich vorsichtig aufs Eis begab. ....
- Da blitzte etwas Rotes im Wasser auf. Ich streckte mich noch einmal, so weit ich konnte – und bekam ein Stück Stoff zu fassen. Mit aller Kraft, die ich noch hatte, zog ich daran. Ich keuchte vor Anstrengung, während langsam der Körper des Jungen an der Oberfläche erschien. ....
- „Wenn du jetzt auch einbrichst, ist alles vorbei“, schoss es mir durch den Kopf. Ich blickte nach vorn. Immer noch 20 Meter. Das Loch im Eis schien einfach nicht näher zu kommen. ....
- Gedankenverloren betrachtete ich den See. Plötzlich blieb mein Blick an etwas hängen. Ich blinzelte ungläubig. War das ein Arm, der dort aus dem Eis herausragte? Kein Zweifel, da war ein Mensch im Weiher! ....
- Nichts. Da war nichts! Mir stockte der Atem. Panisch streckte ich auch den zweiten Arm ins eisige Wasser. Wo ist das Kind nur hin? Ich ruderte in alle Richtungen und verlor dabei das Gleichgewicht. „Nein!“ Im letzten Moment schaffte ich es, mich wieder ein Stück zurück aufs Eis zu ziehen. ....
- Ich zitterte am ganzen Körper vor Kälte und Angst. Endlich, nach einer gefühlten Ewigkeit berührten meine tauben Finger die Kanten des Eislochs. Ich machte mich ganz lang und streckte meinen Arm ins Wasser. Die Kälte traf meine Haut wie Nadelstiche. ....
- „Wie kann so ein kleiner Körper so schwer sein?“, fragte ich mich verzweifelt. Mit aller Kraft, die ich noch aufbringen konnte, und mit einem letzten Ruck hievte ich den Jungen endlich aufs Eis. Bewegungsunfähig blieb ich neben ihm liegen und schloss die Augen. ....
- Bäuchlings robbte ich langsam vorwärts. „Vorsichtig!“ und „Du schaffst das!“, sprach ich mir in Gedanken Mut zu. Die dünne Eisdecke unter mir knackte und knirschte bedrohlich. ....

___ von 15

3 Führe diesen Erzählanfang weiter und setze dabei um, was du gelernt hast. Vergiss nicht, deiner Erzählung eine Überschrift zu geben. (→ Heft)

Endlich Halloween! Ich hatte mich schon lange mit ein paar Freunden verabredet, um bei Einbruch der Dunkelheit verkleidet loszuziehen. Ich war ein furchterregendes Monster mit leuchtenden roten Augen und schwieligen grünen Händen (die eigentlich natürlich Handschuhe waren).

Abgeholt wurde ich von einer Gruppe Hexen, Zauberer und Vampire, in denen ich schnell meine Klassenkameraden erkannte – nur ein Gespenst mit langem weißen Umhang und schwarzer Maske konnte ich nicht identifizieren. Wer mochte das nur sein? Die Gestalt war größer als die meisten von uns; an der Stimme konnte ich ihn – oder sie? – nicht erkennen, denn der Geist war schweigsam. Wir alle hatten Taschen dabei für die Süßigkeiten, die wir einsammeln wollten. Nur dieses Gespenst hielt eine Ledertasche in den Händen, in der sich eine seltsame Form abzeichnete, schmal, länglich und etwas gebogen. Fast wie eine – Pistole. ...

Gesamt:

___ von 30

Tipp: Nutze den Überarbeitungsbogen auf Seite 96–98, um einzuschätzen, ob deine Erzählung gelungen ist.

++	+	0	–
30–25 P.	24–16 P.	15–7 P.	unter 7 P.

Nach literarischen Mustern erzählen

Das Erzählen nach literarischen Mustern bedeutet, dass man sich **eine bestimmte Textgattung zum Vorbild** nimmt und nach ihrem Muster einen selbst erdachten Inhalt erzählt.

WISSEN

Nach literarischen Mustern erzählen

- Es ist wichtig, sehr gut über die **Merkmale der ausgewählten Textsorte** Bescheid zu wissen.
- Die **Kennzeichen** des literarischen Vorbilds müssen in der eigenen Erzählung **eingehalten bzw. nachgeahmt** werden. Dazu gehören:
  - der typische Aufbau
  - die handelnden Figuren (z. B. Menschen/Tiere/Fantasie-/Fabelwesen, schlaue/dumme, gute/böse Figuren, besondere Charaktere oder Helden usw.)
  - die Art der Handlung (z. B. lustig, lehrhaft, tragisch usw.)
  - die Sprache und der Erzählstil (z. B. modern/altertümlich, mit Erzähler usw.)
- **Textsorten**, die häufig als Vorbilder dienen, sind z. B.: Märchen, Fabel, Fantasygeschichte, Eulenspiegel- oder Schildbürgergeschichte, Anekdote, Krimi.

1 Eine Schildbürgergeschichte verfassen

Bestimmt kennst du die **Schildbürger:** Die Bewohner der Stadt Schilda sind bekannt für ihre Dummheit und ihre verrückten Ideen, die den Leser oft zum Lachen bringen. Die Erzählungen über dieses Völkchen, sogenannte **Schildbürgergeschichten**, sind immer ähnlich aufgebaut. Der Leser ahnt deshalb immer schon, dass die Aktion der Figuren scheitern wird, weiß aber noch nicht, wie es passiert. Um selbst eine Schildbürgergeschichte zu erzählen, musst du dich an das übliche Aufbauschema halten und typische Merkmale berücksichtigen.

Schreibziel Aufgaben 50–56

Verfasse deine eigene Schildbürgergeschichte zu diesem Thema:
Wie die Schildbürger Mäuse melkten, weil in Schilda die Milch ausging

Vertiefe dein Wissen

1. Schritt: Das Aufbauschema ermitteln

Wenn man herausfinden will, nach welchem Schema eine bestimmte Textgattung aufgebaut ist, muss man mehrere Geschichten dieser Art lesen. So kann man erkennen, **worin sich die Erzählungen ähneln**. Da du vielleicht noch nicht so viele Schilderbürgergeschichten kennst, hilft dir der folgende Kasten weiter.

WISSEN

Den Textaufbau verstehen, Sinnabschnitte erkennen

Um nachzuvollziehen, wie ein Text aufgebaut ist, unterteilt man ihn am besten in **Sinnabschnitte**. Gehe dabei so vor:

- Markiere zunächst **Einleitung**, **Hauptteil** und **Schluss**, z. B. durch Linien, mit denen du den Text entsprechend unterteilst.
- Der Hauptteil umfasst in der Regel mehrere **Sinnabschnitte**.
  Ein neuer Abschnitt beginnt, wenn im Text **etwas Neues** auftritt, z. B. neue Figuren, Orte oder eine Wendung in der Handlung.
  Achtung: Oft beginnt ein neuer Sinnabschnitt bei einem Absatz. Es können aber auch zwei oder mehr Absätze einen einzigen Sinnabschnitt bilden.
- Fasse jeden Sinnabschnitt kurz zusammen, entweder in einem **Satz** oder stichwortartig in einer **Überschrift**.

50 **a** Die folgende Schildbürgergeschichte ist schon in Sinnabschnitte unterteilt. Fasse den Inhalt jedes Abschnitts in einem Satz zusammen und notiere diesen darunter. Als Beispiele sind Einleitung und Schluss schon eingetragen.

b Da alle Schildbürgergeschichten ähnlich aufgebaut sind, kann man auch allgemein beschreiben, was darin Schritt für Schritt passiert. Die Handlung umfasst in der Regel diese Elemente (aber nicht in dieser Reihenfolge!):

A uflösung durch Erzähler
N eues Problem
S cheinbarer Erfolg, ursprüngliches Problem kurz vor Lösung
P roblem
I dee zur Lösung des Problems und Umsetzung der Idee
E ndgültiges Scheitern
L ösung (bzw. scheinbare Lösung) des neuen Problems

Ordne jedes dieser Elemente dem passenden Sinnabschnitt in der Geschichte *Die Schildbürger und das Salz* zu. Schreibe immer den zugehörigen (roten) Buchstaben in das Kästchen neben deine Zusammenfassung.

Die Schildbürger und das Salz

Eines Tages wurde in Schilda das Salz knapp und die Händler hatten keines zu verkaufen. „In Salzburg ist Krieg“, erklärten sie. „Wir müssen warten, bis der Krieg vorüber ist.“ Das missfiel den Schildbürgern. Denn Butterbrot ohne Salz, Kartoffeln ohne Salz und Suppen ohne Salz schmeckten ihnen und ihren Kindern überhaupt nicht.

☐ *In Schilda geht das Salz aus.*

Deshalb beratschlagten sie, was geschehen solle. Und weil ihr Rathaus helle Fenster hatte, fiel ihnen auch gleich etwas Pfiffiges ein. „Da der Zucker auf Feldern wächst“, meinte einer, „ist es wohl mit dem Salz nicht anders. Wir brauchen deshalb auf dem Gemeindeacker, der noch brach liegt, nur Salz auszusäen.“

So geschah es. Sie streuten die Hälfte ihres Salzvorrates auf den Acker, stellten Wachposten an den Rändern des Feldes auf, für den Fall, dass die Vögel das Salz würden stehlen wollen, und warteten ab. Schon nach ein paar Wochen grünte der Acker. Das Salzkraut schoss nur so in die Höhe. Aber die Vögel blieben zum Glück aus. Die Schildbürger rechneten schon nach, wie viel Salz sie ernten würden. „Hundert Zentner“, meinten sie, „können wir vermutlich sogar exportieren.“

☐

Doch da kamen die Kühe und Ziegen aus dem Nachbardorf. Sie trampelten in dem herrlich wachsenden Salzkraut herum. Die Schildbürger wussten sich wieder einmal keinen Rat. Bis der Hufschmied eine Haselnussgerte von einem Strauch losriss und auf das Feld stürzen wollte, um die Tiere zu verjagen. „Bist du verrückt?“, schrie der Bäcker. „Willst du auch noch unser Kraut niedertrampeln?“ Und sie stürzten sich auf den Schmied und hielten ihn fest. Da rief er: „Wie soll ich denn das Vieh vertreiben, wenn ich nicht ins Feld laufen darf?“

☐

„Ich weiß“, sagte der Schulmeister. „Du setzt dich auf ein Brett. Vier von uns heben dich mit dem Brett hoch. Und dann tragen wir dich auf das Feld. Auf diese Weise wirst du kein einziges Hälmchen zertreten.“ Alle waren von dem Vorschlag begeistert. Man trug zu viert den Schmied über den Acker, und er verjagte das fremde Vieh, ohne dem Salzkraut ein Haar zu krümmen.

☐

Eine Woche später gerieten ein paar Kinder beim Spielen ins Salzkraut hinein. Sie waren barfüßig und sprangen schreiend wieder heraus und rannten nach Hause. „Es beißt schon!“, riefen sie aufgeregt und zeigten den Eltern ihre Füße und Waden. Überall hatten sie rote Flecken, und es brannte fürchterlich.

„Das Salz ist reif!“, rief der Schweinehirt. „Auf zur Ernte!“ Die Schildbürger ließen ihre Arbeit stehen und liegen und fuhren mit Sicheln, Sensen und Dreschflegeln zum Gemeindeacker.

☐

Das Salzkraut biss ihnen in die Beine. Es zerkratzte ihnen die bloßen Arme. Sie bekamen rotgeschwollene Hände. Tränen rollten ihnen über die Backen. Und es dauerte nicht lange, so warfen sie die Sicheln und Sensen fort, sprangen weinend aus dem Acker, fuchtelten mit den brennenden Armen, Händen und Beinen im Wind und fuhren zur Stadt zurück. „Nun?“, fragten die Frauen, „habt ihr das Salz schon abgeerntet?“ Die Männer steckten die Hände und Füße ins kalte Wasser und sagten: „Nein. Es hat keinen Zweck. Das Salz ist uns zu salzig.“

Ihr wisst natürlich längst, was da auf dem Felde gewachsen war und so beißen konnte. Es waren Brennnesseln. Ihr wisst es, und ich weiß es. Wir sind ja auch viel gescheiter, als es die Schildbürger waren.

Schildbürger haben Brennnesseln statt Salz angepflanzt.

Erich Kästner: Werke, Bd. 9: Maskenspiele. Nacherzählungen. Hrsg. von Gräfin Sybil Schönfeldt. Atrium Verlag 1998
(aus didaktischen Gründen leicht verändert u. gekürzt)

Wenn du Aufgabe 50 b richtig gelöst hast, hast du den Aufbau einer Schildbürgergeschichte ermittelt. Hier siehst du ihn noch mal im Überblick:

WISSEN

Das Aufbauschema von Schildbürgergeschichten

Einleitung:
- Schilderung eines **Problems**

Hauptteil:
- **Idee** zur Lösung des Problems und **Umsetzung** der Idee durch die Schildbürger *(Der Leser weiß, dass die Idee Blödsinn oder falsch ist.)*
- ein **neues Problem** tritt bei der Umsetzung der ersten Lösungsidee auf
- **Lösung** des neuen Problems *(Der Leser weiß wieder, dass die Lösung keine wirkliche Lösung ist.)*

Höhepunkt:
- das ursprüngliche Problem ist **fast gelöst**, der Plan scheint zu gelingen
- dann aber **endgültiges Scheitern**

Schluss:
- **Reaktion** der Schildbürger auf ihren Misserfolg (sie sind nicht sehr bekümmert) *und / oder*
- **Auflösung/Erklärung** durch den Erzähler oder eine Figur aus der Geschichte

TIPP

Schildbürgergeschichten gehören zur Gattung des **Schwanks**. Das ist eine harmlose, scherzhafte, manchmal auch etwas derbe Erzählung aus dem späten Mittelalter. Auch die Geschichten über den Schelm **Till Eulenspiegel** gehören zu den Schwänken.

2. Schritt: Typische Merkmale erkennen

WISSEN

Merkmale von Schildbürgergeschichten

- Die Schildbürgergeschichten stammen aus dem Mittelalter. Die Erzählungen weisen deshalb einen etwas **altertümlichen Wortschatz** auf.
  Beispiel: *Einst ersannen sie …* (statt: *Vor langer Zeit einmal hatten sie die Idee …)*
- Da die Handlung in der Vergangenheit spielt, ist die Zeitform das **Präteritum**, bei Vorzeitigkeit **Plusquamperfekt**.
  Beispiel: *Nachdem sie das Salz ausgesät hatten, warteten die Schildbürger …*
- Auch die **Figuren** passen zum Leben in einer mittelalterlichen **Stadt.**
  Beispiele: *Handwerker, Bauern, Amtspersonen (Bürgermeister, Lehrer)*
- Die Schildbürger sind **nie** besonders **traurig über ihre Misserfolge**. Sie sind auch bereit dazuzulernen; wegen ihrer Dummheit **lernen** sie aber **das Falsche**.
- Oft gibt es einen **witzigen** oder **überraschenden Schluss** (= eine Pointe).
- Für den Leser sind die Geschichten **lustig**, weil er die Schildbürger durchschaut und sofort merkt, dass ihre Ideen Quatsch und ihre Aktionen zum Scheitern verurteilt sind.

51 Welche typischen Merkmale einer Schildbürgergeschichte erkennst du in *Die Schildbürger und das Salz* (S. 69/70)? Schreibe jeweils mindestens ein Beispiel auf.

- ältere sprachliche Wendungen:

  ____

- Figuren:

  ____

- Komik für den Leser wegen der Dummheit der Schildbürger:

  ____

  ____

- falsche Lehre(n) der Schildbürger:

  ____

  ____

- Schlusspointe:

  ____

  ____

◆ 3. Schritt: Die Schildbürgergeschichte schreiben

52 Bringe die Erzählschritte für deine Schildbürgergeschichte in eine sinnvolle Reihenfolge. Nummeriere sie entsprechend dem typischen Aufbauschema einer Schildbürgergeschichte:

1. Einleitung: Problem
2. Idee zur Lösung des Problems, Umsetzung der Idee
3. Neues Problem bei der Umsetzung der Idee
4. Scheinbare Lösung des neuen Problems
5. Scheinbarer Erfolg, ursprüngliches Problem kurz vor der Lösung
6. Endgültiges Scheitern
7. Schluss: Reaktion der Schildbürger

- In den Kornspeichern gibt es viele Mäuse, und die Schildbürger haben gehört, dass man Mäuse melken kann. ....
- Nach langer Zeit sind endlich doch genügend Mäuse da und die Schildbürger wollen mit dem Melken beginnen. ....
- Mäuse werden nun mit bloßen Händen gefangen, allerdings ist die Ausbeute gering. ....
- Die Schildbürger brauchen Milch, aber alle Kühe sind von Soldaten mitgenommen worden. ....
- Die Schildbürger sehen den Misserfolg ein, hoffen aber, dass die Mäuse, wenn sie weiter viel Korn aus den Kornspeichern fressen, später einmal richtig Milch geben. ....
- Mäuse müssen gefangen werden, Mausefallen werden aufgestellt, aber die gefangenen Mäuse sind tot und können nicht mehr gemolken werden. ....
- Die Schildbürger finden keine Euter zum Melken und lassen die Mäuse schließlich wieder frei. ....

53 Schreibe eine Einleitung für deine Schildbürgergeschichte. Die Grundlage dafür ist der Punkt aus der vorherigen Aufgabe, den du mit 1 nummeriert hast. In deiner Einleitung soll das Problem der Schildbürger klar werden und auch, wie es dazu gekommen ist. Du darfst auch selbst etwas dazuerfinden. (→ Heft)

54 Hier folgt der nächste Erzählschritt: Er beschreibt, wie die Schildbürger zu ihrem Plan des Mäusemelkens kommen. Leider ist die Sprache zu flapsig geraten. Finde die unpassenden Ausdrücke und unterstreiche sie. Formuliere diese Stellen um, sodass sie zu einer Schildbürgergeschichte passen.

Erzählschritt 2	Verbesserungen
Irgendwann sagte ein besonderer Checker unter den Schildbürgern, der schon auf dem Salzacker superviele Pflanzen geerntet hatte: „Kürzlich ist ein Tourist hier vorbeigekommen. Der hat bei uns an der Frittenbude keine Butter und keinen Käse bekommen, und da war er total angefressen und hat gleich losgetextet: ‚Das ist ja zum Mäusemelken!' " „Aber das war kein Vollhorst!", riefen da die anderen Schildbürger. „Er hat recht! Wenn wir keine Kühe haben, die uns Milch geben, müssen wir eben Mäuse melken!" Gerade zu dieser Zeit gab es in den Kornspeichern Schildas krass viele Mäuse, und so fanden die Schildbürger diese Idee sofort mega.	______________________

55 Verfasse den restlichen Hauptteil der Schildbürgergeschichte. Orientiere dich wieder an den Erzählschritten in Aufgabe 52 (Schritte 3 – 6). (→ Heft)

TIPP

Schreibe möglichst **anschaulich** und **witzig**. Zum Beispiel kannst du schildern, wie begeistert und überzeugt die Schildbürger von sich und ihren Ideen sind.
Denke auch daran, **wörtliche Rede** zu verwenden!

Hinweis zu Aufgabe 56: Bei dieser Aufgabe hast du die Wahl zwischen einer **einfacheren** 56 und einer **schwierigeren** 56 **Variante**. Wenn du dich für die schwierigere Aufgabe entscheidest, dann decke den Wortspeicher zu.

56 Unten findest du den Schluss der Schildbürgergeschichte übers Mäusemelken. Darin fehlen aber fast alle Verben. Trage passende Begriffe in die Lücken ein. Du kannst aus den folgenden Vorschlägen auswählen. Denke aber daran, sie in die richtige Form zu setzen (Person, Zeit).

geben ■ mästen ■ tönen ■ mögen ■ sagen ■ merken ■ setzen ■ versuchen ■ kommen ■ füttern ■ brauchen ■ holen ■ trinken ■ sprechen ■ bringen ■ machen ■ fangen ■ sehen ■ melken ■ gehen

56 In diesem Schluss der Schildbürgergeschichte fehlen viele Verben. Trage passende Begriffe in die Lücken ein. Achte auf die richtigen Zeitformen.

Nachdem die Schildbürger auf diese Weise vergeblich ____________________, Mäuse zu ____________________, mussten sie also weiter Wasser ____________________. „Nun“, ____________________ schließlich der Bürgermeister, der immer noch der klügste unter den Schildbürgern war, „ihr ____________________ ja, dass die Tiere einfach noch zu klein und mickrig sind, um richtig Milch zu ____________________. Wir müssen sie zu Kräften ____________________ lassen und sie ____________________. Am besten ____________________ wir sie wieder in die Kornspeicher zurück, da können sie sich fettfressen. Dann ____________________ wir sie noch einmal und bekommen die gute Milch, die wir ____________________.“ Und genau so ____________________ es die braven, dummen Schildbürger!

Wenn du mehr Schildbürgergeschichten lesen und dir dabei Ideen für eine eigene Nacherzählung holen willst, besorge dir den folgenden Erzählband von Erich Kästner:
Erich Kästner: Die Schildbürger. Illustriert von Horst Lemke. Zürich: Atrium Verlag.

2 Ein Märchen oder eine Fantasygeschichte schreiben

Sicher kennst du viele Märchen. Vielleicht hast du auch schon einmal bemerkt, dass die meisten **Märchen einiges gemeinsam haben**, das sind die typischen Merkmale von Märchen. Genau wie die Schildbürgergeschichten kannst du dir auch die Gattung Märchen als literarisches Vorbild nehmen, um nach diesem Muster **dein eigenes Märchen** zu erzählen. Dazu musst du wiederum die Merkmale dieser Textsorte gut kennen.

WISSEN

Merkmale von Märchen

Märchen sind kurze bis mittellange Erzählungen, deren Inhalt frei erfunden ist. In ihnen mischen sich Wirklichkeit und Fantasie. Typische Märchen-Merkmale sind:

- **Raum- und Zeitlosigkeit**
  Es gibt keine genaue Angabe darüber, wann und wo die Handlung spielt, also keine Jahresdaten, keine Nennung konkreter Länder oder Orte.
- **Fabelwesen**
  Es treten Gestalten und Wesen auf, die es in der Wirklichkeit nicht gibt.
  Beispiele: *Riesen, Zwerge, Hexen, Drachen, sprechende Tiere, Feen*
- **Wunderbare Begebenheiten und Gegenstände**
  Auch übernatürliche Vorgänge und Dinge kommen vor.
  Beispiele: *ein verzauberter Baum, ein Wunschbrunnen, ein Haus aus Süßigkeiten*
- **Bewährung des Helden/der Heldin**
  Dem Helden oder der Heldin der Geschichte widerfährt etwas Schlechtes (Vertreibung, Missachtung, Fluch …) und er oder sie muss sich bewähren.
  Beispiele: *sich befreien, Tapferkeit oder Klugheit beweisen, eine Prüfung bestehen*
- **Figuren und Gegensätze**
  Die Figuren werden nicht näher beschrieben. Sie sind oft namenlos und auf wenige einfache Eigenschaften beschränkt. Dabei stehen sich meist Gegensätze gegenüber.
  Beispiele: *jung – alt, arm – reich*
- **Typische Schauplätze**
  Es gibt typische Schauplätze, die immer wieder auftauchen, z. B. *Wald, Schloss, Turm.*
- **Magische Zahlen**
  Die *Drei*, die *Sieben* und die *Zwölf* spielen eine besondere Rolle.
- **Sprache**
  Typisch sind feste sprachliche Wendungen, Reime und Formeln, wie z. B. Zaubersprüche, die häufig auch wiederholt werden.
  Beispiele: *Es war einmal …, Rucke di gu, Rucke di gu, Blut ist im Schuh!*
- **Happy End**
  Am Ende siegt fast immer das Gute und das Böse wird bestraft.

Vertiefe dein Wissen

Ursprünglich wurden Märchen mündlich weitergegeben. Die Brüder Jacob und Wilhelm Grimm sammelten am Anfang des 19. Jahrhunderts diese volkstümlichen Erzählungen. 1812 veröffentlichten sie die Geschichten erstmals in der berühmtesten deutschsprachigen Märchensammlung – den Grimm'schen *Kinder- und Hausmärchen*.

57 Lies noch einmal das Märchen *Der süße Brei* (Seite 24). Welche typischen Märchenmerkmale sind darin zu erkennen? Kreuze für jedes Merkmal passend an. Notiere für alle Märchen-Merkmale, die erfüllt sind, in Stichworten, woran du das erkannt hast. Als Beispiel wurde das erste Merkmal schon gelöst.

Märchen-Merkmale	trifft zu	trifft nicht zu	Beispiel/Beleg
▪ Raum- und Zeitlosigkeit	☒	☐	keine konkrete Zeit- oder Ortsangabe („Es war einmal …")
▪ Fabelwesen	☐	☐	
▪ Wunderbare Begebenheiten und magische Gegenstände	☐	☐	
▪ Bewährung des Helden/der Heldin	☐	☐	
▪ Typische Figuren	☐	☐	
▪ Gegensätze	☐	☐	
▪ Typische Schauplätze	☐	☐	
▪ Magische Zahlen	☐	☐	
▪ Sprachliche Kennzeichen	☐	☐	
▪ Happy End	☐	☐	

TIPP

Zum Weiterüben: Lies ein Märchen deiner Wahl, z. B. *Aschenputtel* oder *Rumpelstilzchen*. Du kannst dein eigenes Märchenbuch oder das Internet nutzen. Nachdem du die Geschichte gelesen hast, gehst du die Tabelle oben (Aufgabe 57) durch: Prüfe auf diese Weise, wie viele typische Merkmale das von dir ausgewählte Märchen aufweist.

Märchen werden leicht mit **Fantasygeschichten** verwechselt. Das liegt daran, dass beide Textarten viel gemeinsam haben, aber es gibt ebenso Unterschiede. Auch die Textsorte Fantasygeschichte kann dir als Vorbild für eine eigene fantastische Erzählung dienen.

WISSEN

Merkmale von Fantasygeschichten

Die Fantasygeschichte ist eine besondere Form der fantastischen Literatur. Auch hier wird von Übernatürlichem erzählt, das so in der Wirklichkeit nicht geschehen kann. Im Vergleich zum Märchen gibt es aber mehr Spielraum in der Gestaltung:

Ähnlich wie im Märchen

- **Fabelwesen**
  Es gibt übernatürliche Wesen. Hier sind sie noch erweitert. Beispiele: *Dämonen, Geister, Superhelden, Außerirdische, Zombies*
- **Wunderbare Begebenheiten und Gegenstände**
  Es passiert Fantastisches und es kommen magische Dinge vor. Beispiele: *Zaubertränke, Wunderwaffen, Capes zum Fliegen oder Unsichtbarwerden*
- **Bewährung des Helden/der Heldin**
  Auch hier muss der Held oder die Heldin Prüfungen oder Abenteuer bestehen.
- **Happy End**
  Meist endet die Handlung mit einem glücklichen Ausgang für den Helden/die Heldin.

Anders als im Märchen

- **Raum- und Zeitlosigkeit**
  Es gibt fast immer konkrete Angaben zu Ort und Zeit des Geschehens. Beispiele: *England im Mittelalter, ein anderer Planet, die Erde im Jahr 2220*
- **Figuren und Gegensätze**
  Die Figuren werden genauer beschrieben und sind nicht auf ein oder zwei Eigenschaften beschränkt. Gegensätze spielen keine so große Rolle.
- **Typische Schauplätze**
  Viele verschiedene Schauplätze sind möglich. Oft wird eine ganz eigene Fantasiewelt erschaffen.
- **Magische Zahlen**
  Die Zahlen Drei und Sieben (oder andere) können eine Rolle spielen, das ist aber seltener der Fall.
- **Sprache**
  Es gibt keine festen sprachlichen Wendungen.

Bekannte Fantasygeschichten sind z. B.

- *Der Herr der Ringe* von J. R. R. Tolkien,
- *Die unendliche Geschichte* von Michael Ende,
- *Tintenherz*, *Tintenblut* und *Tintentod* von Cornelia Funke
- oder die Harry-Potter-Romane von Joanne K. Rowling.

Vertiefe dein Wissen

TIPP

Geschichten mit übernatürlicher Handlung, die in der Zukunft spielen und sich mit wissenschaftlichem Fortschritt und technischen Möglichkeiten (wie z. B. beamen) befassen, bezeichnet man oft als **Science-Fiction** (gesprochen: *Saiens Fiktschen*). Die Grenzen zur klassischen Fantasy-Literatur verschwimmen häufig.
Wenn von Fantasygeschichten die Rede ist, kannst du deshalb sowohl **altertümlich-magische** als auch futuristische, also **zukünftig-fantastische Welten** erfinden. Versuche aber, nicht zu wild zu mischen: Ein Zwerg in einem Magnet-U-Boot wirkt auf den Leser eventuell nicht sehr überzeugend.

58 Welche Figuren und Requisiten passen in ein Märchen (**M**), welche in eine Fantasygeschichte (**F**), welche in beide? Kreuze passend an.

	M	F		M	F
▪ Prinzessin	☐	☐	▪ Goldenes Schwert	☐	☐
▪ Fee	☐	☐	▪ Einhorn	☐	☐
▪ Roboter	☐	☐	▪ Spindel	☐	☐
▪ Hobbit	☐	☐	▪ Heiliger Gral	☐	☐
▪ Müllerbursche	☐	☐	▪ Schloss	☐	☐
▪ Raumschiff	☐	☐	▪ Böse Stiefmutter	☐	☐
▪ Geist	☐	☐	▪ Laserschwert	☐	☐

59 Hier findest du den Anfang und einen Ausschnitt aus dem Märchen von Dornröschen. Allerdings haben sich Elemente aus Fantasygeschichten und Science-Fiction hineinverirrt. Markiere diese Stellen im Text. Benenne dann die gefundenen Fantasy-Elemente und notiere sie unterhalb des Textes.

Dornröschen

Vor Zeiten lebten auf der Burg Camelot König Ranor und Königin Ragna, die sprachen jeden Tag: „Ach, wenn wir doch ein Kind hätten!“ und kriegten doch keines. Da trug es sich zu, als Ragna einmal im Garten saß, dass sie am Himmel ein seltsames Flugobjekt wahrnahm. Es landete und heraus kamen drei furchterregende Gestalten mit roten Augen, blauen Zungen und schillernden Anzügen, wie sie sie noch nie gesehen hatte. Erschrocken schrie die Königin auf und wollte fliehen. Die Außerirdischen aber machten sie mit ihren Freeze-Schwertern unbeweglich und so hörte die unglückliche Königin, was die fremdartigen Wesen sagten: „Dein Wunsch wird erfüllt werden. Ehe ein Jahr vergeht, wirst du eine Tochter zur Welt bringen.“ Dann verschwand das Ufo schnell und lautlos wieder am Himmel.

Was die Außerirdischen gesagt hatten, das trat ein, und die Königin gebar ein Mädchen, das war so schön, dass König Ranor vor Freude nicht an sich halten konnte und ein großes Fest anstellte. Er lud nicht bloß Verwandte und Freunde, Druiden und Trolle, sondern auch die weisen Frauen des Königreichs dazu ein, damit sie dem Kinde hold und gewogen wären. Es waren ihrer dreizehn in seinem Reiche, weil er aber nur zwölf goldene Teller hatte, von welchen sie essen sollten, so musste eine von ihnen den Feierlichkeiten fernbleiben.

Das Fest ward mit aller Pracht gefeiert, und als es zu Ende war, beschenkten die weisen Frauen das Kind mit ihren Wundergaben: die eine mit Tugend, die andere mit Schönheit, die dritte mit Reichtum, und so mit allem, was auf der Welt zu wünschen ist. Als elf ihre Sprüche getan hatten, trat plötzlich die dreizehnte herein. Kitira war groß gewachsen, in wallende schwarze Tücher gekleidet und ihre bernsteinfarbenen Augen strahlten teuflisch. Als Verkörperung der dunklen Macht stand sie da und wollte sich dafür rächen, dass sie nicht eingeladen worden war. Ohne jemanden außer das Kind in der Wiege nur anzusehen, rief sie mit lauter Stimme: „Die Königstochter soll sich in ihrem fünfzehnten Jahr an einer Spindel stechen und tot hinfallen.“ Und ohne ein Wort weiter zu sprechen, wandte sie sich um und jagte auf ihrem weißen Werwolf Skar davon.

Alle Gäste waren starr vor Schreck. Da trat die zwölfte der weisen Frauen hervor, die ihren Wunsch für das Königskind noch nicht ausgesprochen hatte. Sie beugte sich hinab zu einem kleinen goldfarbenen Roboter mit blinkender Antenne. Auf eine leichte Berührung hin äußerte die kleine Blechgestalt: „Es soll kein Tod sein, sondern ein hundertjähriger tiefer Schlaf, in welchen die Königstochter versinkt.“

...

Nach langen Jahren kam wieder einmal ein Königssohn in das Land: Es war Prinz Lancelot aus Avalon. Er hörte, wie ein alter Mann im Dorf Hogenwarts von der riesigen Dornenhecke erzählte. Sie umranke ein Schloss, in welchem eine wunderschöne Königstochter, Dornröschen genannt, schon seit hundert Jahren schliefe, und mit ihr der König, die Königin und der ganze Hofstaat. Er wusste auch, dass bereits viele Königssöhne gekommen waren und versucht hatten, durch die Dornenhecke zu dringen. Alle aber seien sie darin hängen geblieben und eines traurigen Todes gestorben, da ihre Fähigkeit, zu teleportieren, durch die Schlingen der Pflanze außer Kraft gesetzt worden war. Da dachte Lancelot: „Ich fürchte mich nicht. Ich will hin und das schöne Dornröschen sehen.“ Lange stand er mit seinem Raketenrucksack auf dem Hügel gegenüber dem Schloss. Er setzte seinen blitzenden Helm auf, riss das Laserschwert aus der Scheide und schoss tollkühn auf die undurchdringliche Dornenhecke zu. Nun waren aber gerade die hundert Jahre verflossen, und der Tag war gekommen, an dem Dornröschen wieder erwachen sollte. Als Lancelot sich der Dornenhecke näherte, verwandelte sie sich in große, schöne Blumen, die sich vor ihm auftaten und ihn passieren ließen. ...

Fantasy- und Science-Fiction-Elemente im Märchen *Dornröschen*

- ______________________________
- ______________________________
- ______________________________
- ______________________________
- ______________________________
- ______________________________

60 Überlege dir selbst ein fantastisches Geschehen und schreibe den Anfang einer Fantasygeschichte. Beachte, was du dazu gelernt hast. (→ Heft)

Test 4

Zeit: 60 Minuten

1 Der Verfasser der folgenden Geschichte konnte sich nicht entscheiden, ob es ein Märchen, eine Schildbürger- oder eine Fantasygeschichte werden soll. Ordne die Erzählpassagen der passenden Textsorte zu. Mache pro Zeile nur ein Kreuz. ___ von 11

S = Schildbürgergeschichte, **M** = Märchen, **F** = Fantasygeschichte

Erzählung	S	M	F
a Es war einmal ein reicher König, der wohnte mit seinen drei wunderschönen Töchtern in einem prächtigen Schloss.	☐	☐	☐
b Die Familie lebte vor vier Jahrhunderten in Finstererde, einem dunklen Land, das von brodelnden Vulkanen, flüsternden Sümpfen und schwarzen Flüssen durchzogen war.	☐	☐	☐
c Der eigentliche Herr am Königshof jedoch war der Zauberer Morlin. Er hatte die älteste Tochter des Königs mithilfe eines Liebestranks an sich gebunden. So hoffte er, eines Tages selbst König zu werden.	☐	☐	☐
d Ein besonders pfiffiger Untertan kam auf die Idee, den Zauberer mit seinen eigenen Waffen zu schlagen. Er schlug dem Stadtrat vor, selbst einen Zaubertrank zu brauen.	☐	☐	☐
e „Ein guter Einfall!", rief der Bürgermeister. Also schlich sich der Bursche zusammen mit vier Kameraden ins Schloss, um die Zutaten des Liebestranks herauszufinden. Aus dem Kessel des Zauberers füllten sie das Gebräu in ihre mitgebrachten Stoffsäckchen.	☐	☐	☐
f Als Morlin sah, dass er bestohlen worden war, wurde er sehr zornig und beauftragte Eisenhart, den Ritter der Finsternis, die Diebe zu suchen und sie zu bestrafen. Dieser schwang sich mit seiner Feuerlanze sogleich auf sein geflügeltes Pferd und erhob sich in den schwarzen Himmel.	☐	☐	☐
g Nichts ahnend waren die fünf Burschen in die Stadt zurückgekehrt. Empört stellten sie dort fest, dass unterwegs jemand den Trank aus ihren Säcken gestohlen haben musste. Denn nur ein paar Tropfen waren darin übrig geblieben.	☐	☐	☐
h Zum Brauen des geheimnisvollen Tranks benutzte der Zauberer gemeinhin sieben Kräuter. Sechs davon trug er stets bei sich. Doch das siebte Kraut fehlte ihm, man fand es nur im dunklen Wald hinter dem Schloss. In diesem Wald aber lebte die böse Hexe Moira.	☐	☐	☐

Erzählung	S	M	F
i Das gesuchte siebte Kraut wuchs nur in Moiras verzaubertem Garten. Doch dies war ein gefährlicher Ort: Der Eingang wurde von zwei abscheulichen Orks bewacht. Dahinter verbreitete ein grässliches Wesen – halb Schlange, halb Drache – sein Gift. Zudem fand sich im Inneren eine riesenhafte fleischfressende Pflanze, die sich mit ruckartigen Bewegungen auf ihre Beute stürzte.	☐	☐	☐
j Aufhalten konnte das bedrohliche Gewächs nur, wer die magischen Worte kannte und sie drei Mal wiederholte: „Dunkel und Licht – rühr dich nicht!“	☐	☐	☐
k In der Zwischenzeit überlegten die Untertanen in der Stadt, wie sie mit dem verbliebenen Rest die Zutaten des Liebestrankes herausfinden konnten. Der Sohn des Schulmeisters tat sich hervor: „Ganz einfach! Wir müssen den Trank probieren, dann wissen wir, was drin ist.“	☐	☐	☐

Wähle aus, welche der Erzählformen du jetzt noch einmal üben möchtest. Bearbeite **eine** der folgenden Aufgaben (2 oder 3).

Tipp: Du darfst dich dabei von Aufgabe 1 inspirieren lassen und auch Inhalte von dort übernehmen. Achte aber auf die passende Textsorte.

2 Werde selbst Märchenautor. Gehe so vor:

___ von 1

a Sieh dir den Märchenbogen auf Seite 84 an. Ergänze darin mindestens zwei eigene Ideen für eine Märchenhandlung.

___ von 4

b Wähle aus dem Märchenbogen nun die Elemente aus, die du für deine Märchenhandlung verwenden willst. Du kannst deine eigenen Ideen oder bereits vorgegebene nutzen. Trage deine Auswahl in die folgende Tabelle ein. (Nicht alle Merkmale müssen in deinem Märchen vertreten sein, eines oder zwei darfst du auch weglassen.)

Märchen-Merkmal	In meinem Märchen
Raum- und Zeitlosigkeit/ Schauplatz	
Held/Heldin	

Feind/Feindin	
Bewährung des Helden/ der Heldin	
Fabelwesen	
Übernatürliche Vorgänge, magische Gegenstände	
Gegensätze	
Sieg des Guten, Bestrafung des Bösen	

c Dein Text sollte auch eines (oder beide) der folgenden Märchenmerkmale enthalten. Notiere dazu Ideen. ___ von 1

- „Magische" Zahlen:

___

- Sprachliche Wendungen (Reime, Sprüche, Zauberformeln):

___

___

d Nutze deine Notizen aus Aufgabe **a–c** und schreibe dein Märchen. (→ Heft) ___ von 13

3 Nach der Freilassung der Mäuse, die nicht gemolken werden konnten, werden die Schildbürger bald vor einem neuen Problem stehen: Ihre Kornspeicher sind leer gefressen. Schreibe eine Schildbürgergeschichte zum Thema: ___ von 19
Was die Schildbürger taten, um die leeren Kornspeicher wieder zu füllen.
Halte dich an das typische Aufbauschema. (→ Heft)

Tipp: Nutze den Überarbeitungsbogen auf Seite 96–98, um einzuschätzen, ob deine Erzählung gelungen ist.

Gesamt: ___ von 30

++	+	0	–
30–25 P.	24–16 P.	15–7 P.	unter 7 P.

Beginn	Schauplatz	Held/Heldin	Feind/in	Prüfung des Helden/der Heldin	Fabelwesen	Magische Requisiten	Gegensätze	Sieg des Guten/Bestrafung des Bösen		Ende
Es war einmal …	Königsschloss	Prinzessin	böse Stiefmutter	muss in die Fremde ziehen	sprechendes Tier	Brunnen	arm – reich	Hochzeit	Tod	… und wenn sie nicht gestorben sind, dann leben sie noch heute.
	Wald	Königssohn	Räuber	ist eingesperrt	Drache	goldene Kugel	klug – dumm	ewiges Glück	Blindheit	
	Garten	armes Mädchen	Jäger	muss ein Rätsel lösen	Riese	verzauberter Topf, Tisch, Sack, Schuh, Knüppel …	schön – hässlich	Heimkehr	Schmerzen	
	Häuschen	drei Brüder/Schwestern	Wolf	muss eine Aufgabe erfüllen	Zwerg	Blume	tugendhaft – hinterlistig	Befreiung	Vertreibung	
	Zauberburg	Kind	Fabelwesen	verirrt sich/muss seinen Weg finden	Fee	Dornenhecke	bescheiden – habgierig	Rettung	Einsamkeit	
	Turm	Handwerksbursche		muss seinen Platz in der Familie oder der Gesellschaft finden	Kobold/Wichtel	Spinnrad			Unglück	
	fernes Land	(scheinbarer) Dummkopf		muss jemanden retten/befreien	Zauberer	Apfel				
		Spielmann			Hexe	Flöte				
		Fischer			Oger					

Schildern, inneren Monolog und erlebte Rede nutzen

Eine Erzählung wird noch anschaulicher und spannender, wenn du sie mit **schildernden Elementen** anreicherst. Das bedeutet, dass du dich besonders auf die **innere Handlung** konzentrierst und Wahrnehmungen und Vorstellungen der Figuren **ausführlich und bildreich** darstellst. Zur Wiedergabe der Gedanken, Gefühle, Wünsche usw. eignen sich besonders auch ein **innerer Monolog** oder **erlebte Rede**.

TIPP

Durch eine Schilderung soll ein **Bild vor den Augen des Lesers** entstehen. So kann er sich die Situation besonders gut vorstellen, sich in die Figuren einfühlen und mit ihnen mitfiebern.

WISSEN

Schildern

Beim Erzählen steht die äußere Handlung im Vordergrund, also das, was geschieht. Anders ist es beim Schildern, hier geht es vor allem um:

- die **Gedanken**, **Gefühle**, **Wünsche** und **Empfindungen** der Hauptfigur(en)
- **Wahrnehmungen** und **Sinneseindrücke** (sehen, hören, riechen, fühlen, schmecken)
- die **Atmosphäre** und **Stimmung** der Situation

Diese sprachlichen Mittel eignen sich für schildernde Passagen:

- anschauliche **Adjektive** und ausdrucksstarke, treffende **Verben**, vor allem zur Beschreibung der Eindrücke des Hörens, Riechens, Schmeckens …
  Beispiele: *Ich vernahm das Heulen des Windes. Sein Mund war ausgetrocknet, die Hände schweißnass. Ein beißender Geruch drang uns in die Nase.*
- sprachliche Bilder wie **Metaphern**, **Personifikationen** und **Vergleiche** (s. Tipp S. 86)
  Beispiele: *Das Laub tanzt über die Felder. Er kämpfte wie ein Löwe.*
- **Redewendungen** (s. Tipp Seite 86)
  Beispiele: *Ihr fiel ein Stein vom Herzen. Mir wurde angst und bange.*
- **kurze** und **unvollständige Sätze** (zur Wiedergabe von Gedankenfetzen)
  Beispiele: *Was nun? Ich wünschte, Oskar wäre nicht … Zu spät!*
- verstärkende **Wiederholungen**
  Beispiel: *Sie hatte Angst. Riesige Angst.*

Das **Tempus** beim Schildern ist häufig das Präsens, aber auch das Präteritum ist möglich.

TIPP

- Bei einem **Vergleich** wird eine Sache oder Person durch ein Vergleichswort *(wie, als ob)* mit einem bildhaften Ausdruck verbunden, um Ähnlichkeiten zwischen beidem aufzuzeigen, zum Beispiel: *Sie ist flink wie ein Wiesel. Er lief, als ob der Teufel hinter ihm her wäre.*
- Eine **Metapher** ist wie ein Vergleich ohne Vergleichswort. Dabei werden Dinge oder Begriffe kombiniert, die eigentlich nicht zusammengehören. So entsteht ein Bild, das das Gewünschte ausdrückt, zum Beispiel: *Er ist der Kopf der Bande. Sie hat ein Puppengesicht.*
- Bei einer **Personifikation** wird etwas Unbelebtes so dargestellt, als wäre es lebendig oder als hätte es menschliche Eigenschaften, zum Beispiel: *eine schreiende Farbe, der Sturm tobt.*
- Eine **Redewendung** ist eine feste Verbindung mehrerer Wörter, die aus dem Alltag bekannt ist und die nicht wortwörtlich zu verstehen ist, zum Beispiel: *Schwein haben, sich vom Acker machen.*

Schreibziel Aufgaben 61 – 71

Verfasse eine Geschichte zum Thema: *Die Mutprobe – Nachts allein im Wald*, bei der du besonders die innere Handlung anschaulich ausgestaltest. Verwende schildernde Elemente und baue einen inneren Monolog oder erlebte Rede ein.

1. Schritt: Die äußere Handlung festlegen

Auch rund um eine Schilderung gibt es immer ein äußeres Geschehen. Überlege deshalb zuerst, wie diese äußere Handlung aussehen könnte.

61 Bringe die Erzählschritte zur Geschichte *Die Mutprobe – Nachts allein im Wald* in die richtige Reihenfolge: Trage für die Einleitung ein **E** ein, für den Schluss ein **S**. Die Erzählschritte des Hauptteils nummerierst du von **1** bis **6**.

- Ich-Erzählerin geht im Dunkeln allein den „Wolfssteig" entlang ...
- kurz vor Einbruch der Dunkelheit, ganze Klasse am Waldrand ......
- Ich-Erzählerin neu an der Schule, will sich beweisen ....
- kurz vor Mitternacht, Taschenlampe geht aus ....
- Lichtschein einer Taschenlampe, Mitschülerin erscheint und hilft ..
- Ich-Erzählerin gibt ihr Handy ab, nimmt Taschenlampe ....
- Mutprobe nur halb bestanden, aber Freundin gewonnen ....
- Ich-Erzählerin verirrt sich, ist verzweifelt ....

◆ 2. Schritt: Mit schildernden Elementen die innere Handlung darstellen

62 Der spannende Roman *Boy 7* beginnt mit dieser eindringlichen Schilderung. Welche Elemente und sprachlichen Mittel des Schilderns finden sich in dem Textauszug? Schreibe sie an den Rand und markiere die zugehörigen Textstellen.

Ohne Fallschirm aus einem Flugzeug gestoßen werden. In einem Affenzahn mit einem Auto herumrasen, das sich um keinen Preis lenken lässt. Ins tiefe Wasser geworfen werden, obwohl man nie schwimmen gelernt hat. Sich in einer fremden Stadt verirren und niemanden nach dem Weg fragen können, weil alle japanisch sprechen.
So fühlte es sich an. Und zwar alles davon gleichzeitig.
Ich wusste nicht, wer ich war, wo ich war und wie ich an diesen verlassenen Ort geraten war. Aber dass mir fast der Schädel platzte vor Schmerzen, das wusste ich. Es war, als hätte man mir mit einem Hammer alle Erinnerungen herausgeschlagen – und sosehr ich mich auch anstrengte, ich konnte sie nicht wiederfinden. Alles war auf einmal vollkommen unsicher, Geheimsprache und nicht zuverlässig. Ich war da und doch nicht wirklich, und das verursachte schon ein ziemlich gruseliges Gefühl. Mehr als gruselig. Ehrlich gesagt, machte ich mir vor Angst fast in die Hosen – eine ausgefranste Jeans, die mir auch nicht allzu bekannt vorkam. Ich sehnte mich nach einem sicheren Ort, einem Bett oder notfalls einer Höhle, in der ich mich verkriechen konnte, aber auf dieser endlosen gelben Grasebene gab es nichts, was Schutz bieten konnte. Kein Haus, kein Bauernhof, nicht mal ein Schuppen. Nur ein endloser Asphaltstreifen, der die kahle Landschaft spaltete. Die Luft darüber wirkte flüssig in der Hitze. Ich selbst übrigens auch. Mein Hemd [...] klebte mir am klatschnassen Rücken. Der Ärmel war eingerissen und die Haut darunter aufgeschürft.
Hatte ich einen Unfall gehabt? War ich auf den Kopf gefallen und hatte durch den Schlag mein Gedächtnis verloren?

Mirjam Mous: Boy 7. Vertraue niemandem. Nicht einmal dir selbst. Aus dem Niederländischen von Verena Kiefer. Würzburg: Arena, 2011.

Viele weitere schildernde Passagen findest du im spannenden Thriller *Boy 7* von Mirjam Mous. Er handelt von einem Jungen, der sein Gedächtnis verloren hat und nun nicht mehr weiß, wem er vertrauen kann und wer zu den Verbrechern gehört, die hinter ihm her sind.
Mirjam Mous: Boy 7. Vertraue niemandem. Nicht einmal dir selbst. Würzburg: Arena, 2011.

63 Überlege jetzt: Wie könnte sich die Hauptfigur der Geschichte *Die Mutprobe – Nachts allein im Wald* zu den verschiedenen Zeitpunkten fühlen? Was könnte sie sich wünschen oder erträumen? Ergänze die Mindmap. Notiere zu jedem Erzählschritt passende Empfindungen und Wünsche der Ich-Erzählerin.

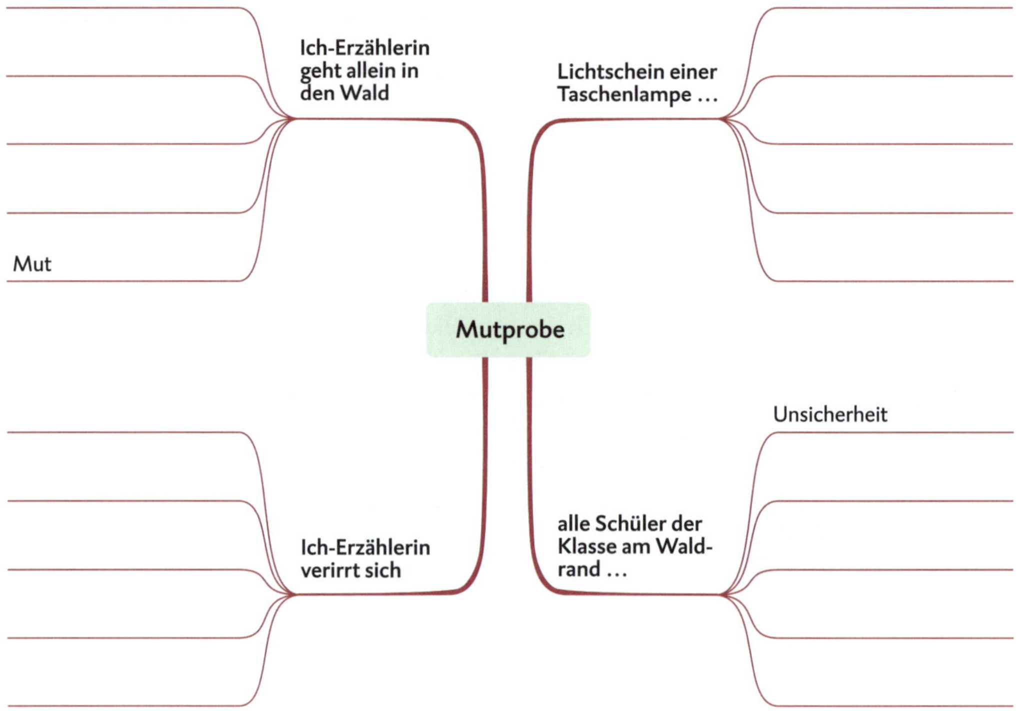

64 Sammle möglichst viele ausdrucksstarke Adjektive aus dem Wortfeld „dunkel/ unheimlich“. Finde mindestens zehn Begriffe, die zu dieser Stimmung passen.

dunkel	*unheimlich*

65 Beschreibe die Sinneswahrnehmungen der Ich-Erzählerin. Was sieht, hört, fühlt und riecht sie bei ihrer Mutprobe nachts allein im Wald? Trage passende Sinneseindrücke in die Tabelle ein. Du kannst Stichworte verwenden.

Sinn	Sinneswahrnehmungen nachts im Wald
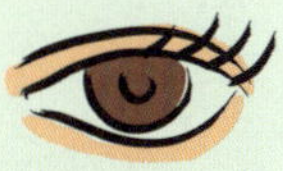	

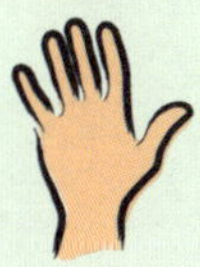	

Hinweis zu Aufgabe 66: Bei dieser Aufgabe kannst du wählen zwischen der **einfacheren** 66 oder der **schwierigeren** 66 **Variante**. Wenn du dich für die schwierigere Aufgabe entscheidest, dann decke die einfachere Version mit einem Blatt zu.

66 Hier findest du sprachliche Bilder und Redewendungen, die in einer Erzählung zum Thema *Die Mutprobe – Nachts allein im Wald* vorkommen könnten. Entscheide jeweils, worum es sich handelt. Trage den passenden Buchstaben ein:
V = Vergleich, **M** = Metapher, **P** = Personifikation, **R** = Redewendung

- Mir standen die Haare zu Berge. ....
- Der Nebel kroch an den Stämmen der Bäume hinauf. ....
- Überall ragten knorrige Wurzeln wie die Schwänze versteinerter Drachen in den holprigen Weg. ....
- Ich hatte Puddingknie. ....

- Dornige Sträucher reckten ihre dürren Zweige nach mir. ....
- Es lief mir kalt den Rücken hinunter. ....
- Ich spürte das modrige Moosbett unter meinen Füßen. ....
- Wie riesige Ungeheuer ragten die Fichten vor mir auf. ....
- Die Angst saß mir im Nacken. ....

66 Welche Bilder kommen dir zum Thema „nachts allein im Wald" in den Sinn? Finde passend zu diesen Eindrücken sprachliche Bilder und Redewendungen. Sie können sich sowohl auf die Umgebung oder Atmosphäre als auch auf die Hauptfigur beziehen. Ein Beispiel ist dir schon vorgegeben.

- *knorrige Wurzeln wie die Schwänze versteinerter Drachen*
- ______________________________
- ______________________________
- ______________________________
- ______________________________
- ______________________________

67 Verändere den folgenden Ausschnitt aus einer Erzählung so, dass er noch eindringlicher wirkt. Verwende dazu kurze oder unvollständige Sätze, Ausrufe und verstärkende Wiederholungen. Du kannst überflüssigen Text einfach durchstreichen, Ergänzungen und Ersetzungen schreibst du unter die Zeile.

In dieser Nacht schien kein Mond, es war dunkel, sehr finster. Nervös lauschte ich auf die Geräusche des nächtlichen Waldes. Ich hörte den langgezogenen „Uhh"-Ruf eines Käuzchens. Dann vernahm ich das Knacken dürrer Zweige unter meinen Tritten. Da war noch etwas! Lauerte da etwa ein Gespenst? Zum Glück war es nur die Silhouette eines abgebrochenen Astes. ...

3. Schritt: Inneren Monolog und erlebte Rede nutzen

Du kennst bereits einige Möglichkeiten, um die inneren Vorgänge einer Figur, also ihre **Gedanken**, **Gefühle**, **Vorstellungen** und **Wünsche**, in einer Erzählung wiederzugeben, zum Beispiel die wörtliche Rede. Die beiden folgenden Erzähltechniken sind noch „näher an den Figuren“ und lassen den Leser deshalb umso tiefer in die Geschichte eintauchen.

Die schon bekannten Möglichkeiten zur Darstellung von **innerer Handlung** kannst du im Kapitel „Von Erlebnissen und Ereignissen erzählen“ auf Seite 13 noch einmal auffrischen.

WISSEN

Innerer Monolog und erlebte Rede

Beim inneren Monolog und der wörtlichen Rede geht der Bericht des Erzählers **nahtlos** in die Gedanken und Gefühle der Figur über, deren Inneres dargestellt werden soll. Die innere Handlung wird hierbei nicht extra gekennzeichnet, das heißt, in diesen Fällen stehen **keine Anführungszeichen** und **kein Begleitsatz**.

- Der **innere Monolog** ist wie ein Selbstgespräch einer Figur. Er gibt ihre persönlichen Eindrücke und Gedanken in der **Ich-Form** und im **Präsens** wieder.
  Beispiel: *Ich sah mich ängstlich um. Oh je, jetzt bin ich ganz allein im Wald. Echt unheimlich! Ob ich es wieder raus schaffe? Im Dunkeln tastete ich mich vorwärts.*
- Bei der **erlebten Rede** erfährt man die inneren Vorgänge einer Figur, ohne dass sie selbst sie äußert. Die erlebte Rede steht in der **Er-/Sie-Form** und in der **Vergangenheit** (Präteritum).
  Beispiel: *Sie sah sich ängstlich um. Oh je, jetzt war sie ganz allein im Wald. Echt unheimlich! Ob sie es wieder raus schaffte? Im Dunkeln tastete sie sich vorwärts.*

Bei der **Sprache** des inneren Monologs und der erlebten Rede ist zu beachten:

- Gedanken schießen einem oft ungeordnet und bruchstückhaft durch den Kopf. Um das abzubilden, eignen sich die sprachlichen Mittel des Schilderns wie z. B. **kurze** und **unvollständige Sätze**, **Ausrufe**, **Fragen an sich selbst** usw.
- Die Sprache sollte zu der Figur, die denkt/fühlt, passen. Es kann deshalb auch **Umgangssprache** oder **Jugendsprache** verwendet werden. Übertreibe damit aber nicht!

TIPP

Manchmal kann es auch zu **Mischformen** beider Arten der Redewiedergabe kommen, etwa wenn die Geschichte in der Ich-Perspektive erzählt wird, aber nicht ins Präsens gewechselt werden soll, z. B. *Ich sah mich ängstlich um. Oh je, jetzt war ich ganz allein im Wald. Echt unheimlich! Ob ich es wieder raus schaffte? Im Dunkeln tastete ich mich vorwärts.*

68 Lies noch einmal den Auszug aus dem Roman *Boy 7* auf S. 87. Beantworte dann die folgende Frage und markiere ggf. im Text die relevante(n) Stelle(n) farbig.

Welche Erzähltechnik kommt in dem Romanausschnitt zum Einsatz?

- ☐ Innerer Monolog
- ☐ Erlebte Rede
- ☐ Eine Mischform aus innerem Monolog und erlebter Rede
- ☐ Keines davon

69 Lies die folgenden Ausschnitte aus möglichen Erzählungen. Entscheide jeweils: Handelt es sich um inneren Monolog, erlebte Rede oder um eine Mischform aus beiden? Begründe deine Entscheidung in Stichworten.

Erzählausschnitt	innerer Monolog	erlebte Rede	Mischform	Begründung
■ Und jetzt? Auf eine Mitfahrgelegenheit konnte man hier vermutlich lange warten. Laufen war auch keine Alternative. Hätte er doch bloß sein Handy!	☐	☐	☐	
■ Soll ich meinen Rucksack öffnen? So ein Mist, der Verschluss klemmt. Ja, ein Klicken. Da ist ja eine Flasche drin. Wasser!	☐	☐	☐	
■ Warum musste das ausgerechnet mir passieren? Ich musste künftig vorsichtiger sein.	☐	☐	☐	
■ Sollten die Hausaufgaben doch die anderen machen. Ihre Energie war erschöpft, die Arbeit war zu hart gewesen.	☐	☐	☐	

70 Was denkt, fühlt und wünscht sich die Ich-Erzählerin deiner Erzählung *Die Mutprobe – Nachts allein im Wald*? Setze die folgenden Textstellen sinnvoll in Form von erlebter Rede oder innerem Monolog fort. Ein Beispiel ist vorgegeben.

a Der Wald erschien mir in der Dunkelheit so groß und undurchdringlich.

Oh, wäre ich doch nur schon draußen!

b Ich konnte den Weg kaum erkennen und hatte auch mein Zeitgefühl verloren.

____

c Plötzlich raschelt es im Dickicht.

____

d Ich wünschte mir so sehr, von den anderen bewundert zu werden.

____

71 Hier findest du Anfang und Schluss einer möglichen Erzählung zum Thema *Die Mutprobe – Nachts allein im Wald.* Ergänze selbst den Hauptteil. Beachte dabei die Regeln zum Erzählen und achte besonders auf die sprachliche Ausgestaltung durch schildernde Elemente und inneren Monolog/erlebte Rede. (→ Heft)

„Das traut sich die Neue nie!“, rief Lara. Es dämmerte schon und wir strolchten noch am Waldrand herum. Tatsächlich, mir war ganz schön mulmig zumute, als ich ins Dickicht blickte. Aber hatte ich mir nicht fest vorgenommen, die anderen zu beeindrucken? Wir waren erst diesen Sommer in die Stadt gezogen, ich war neu in der Klasse und hatte noch keine Freunde gefunden. Deshalb musste ich etwas tun, was mir die Anerkennung der anderen verschaffte. Und so war ich auf die Idee gekommen, ihnen meinen Mut zu beweisen, indem ich mitten in der Nacht allein durch den Wald gehen würde.

Heute war es so weit, und ich fragte mich gerade zum hundertsten Mal, ob das wirklich ein guter Gedanke gewesen war. Meine Mitschüler hatten einen Weg ausgewählt, der im Volksmund der „Wolfssteig“ heißt und wegen seiner Steilheit und seiner Enge besonders unheimlich wirkte. Die ganze Klasse war mitgekommen und machte auf meine Kosten Witze. Besonders Lara, die Wortführerin, stachelte die anderen immer wieder gegen mich auf. „Will das Baby nicht doch wieder nach Hause zu Mama?“, fragte sie scheinheilig. Nur Miriam, eine eher ruhige Schülerin, ergriff für mich Partei: „Lasst sie doch in Ruhe, jetzt reicht es aber!“ Und zu mir sagte sie: „Willst du es dir nicht noch mal überlegen? Es kann echt gefährlich werden so allein. Stell dir vor, du stürzt und liegst dann irgendwo und kannst dich nicht bewegen!“ Aber mein Entschluss stand fest. Ich wollte die Mutprobe bestehen.

...

Ein paar Sekunden später war Miriam bei mir und wir umarmten uns erleichtert. „Wie kommst du denn hierher?“, fragte ich erstaunt. „Ich war so unruhig, weil du dich doch hier gar nicht auskennst“, meinte sie. „Da bin ich einfach mit meiner Lampe losgegangen und habe dich gesucht. Den Weg kenne ich ja, seit ich klein bin.“ So schafften wir es recht schnell aus dem Wald – die Mutprobe war zwar nur zum Teil bestanden, doch ich hatte eine Freundin gewonnen, und das war doch viel wichtiger.

Test 5

Zeit: 45 Minuten

___ von 5 **1** Der folgende Textausschnitt stammt aus dem Jugendroman *Keeper* von Mal Peet. Der dreizehnjährige Ich-Erzähler, der in Südamerika lebt, schildert, wie er mitten im Dschungel ein Fußballfeld entdeckt. Finde mindestens fünf verschiedene sprachliche Mittel der Schilderung, die in dem Text enthalten sind. Unterstreiche sie und benenne sie in der rechten Spalte.

Romanauszug	Mittel des Schilderns
Jedenfalls schob ich mich durch das Laub, kletterte über einen umgestürzten Baumstamm, der weich war von Moder und Moos, und stieß einen Vorhang aus dicken, fleischigen Blättern beiseite. Und stand plötzlich auf einer freien Fläche. Wahrscheinlich ist das für dich nichts Besonderes. Aber wenn du den Dschungel kennen würdest, fiele es dir schwer, mir zu glauben, weil eine freie Fläche im Dschungel einfach nicht existiert. Etwas, irgendetwas wird jede Fläche besetzen, wo es Licht findet, um zu leben und zu wachsen. Aber da war die Lichtung, und sie war mit Gras bedeckt. Ja, Gras. Kurzes Gras, Rasen. Unmöglich. Vollkommen unmöglich. Ganz langsam trat ich auf dieses Gras; diese Lichtung erschreckte mich viel mehr als jede Pflanze, jedes Wesen, das mir im Dschungel selbst begegnet war. Und sie war sehr, sehr still. Das Sirren und Knacken und Rufen und Kreischen des Waldes verschwamm und verstummte schließlich.	

Mal Peet: Keeper. Aus dem Englischen von Eike Schönfeld. Hamburg: Carlsen, 2006.

Willst du mehr über die geheimnisvolle Lichtung und das Fußballtor mitten im Dschungel erfahren? Dann lies diesen spannenden Roman:
Mal Peet: Keeper. Hamburg: Carlsen, 2006.

___ von 6 **2** Im folgenden Kasten erfährst du, wie der Roman weitergeht. Es fehlen aber einige Wörter. Finde möglichst anschauliche Adjektive und Verben, die die Schilderung des Ich-Erzählers eindringlicher machen.

Erst schaute ich nach links und sah, dass die Lichtung an einer ____________________, ____________________ Baumwand endete. Dann schaute ich nach rechts. Und erstarrte. Dort stand, mit der Rückseite zu den Bäumen, ein Tor. Ein Fußballtor. […] Mein Gehirn ______________________________. Ich hörte mein Blut ______________________. Ich muss ausgesehen haben wie ein Idiot, wie ich so mit ______________________ Mund da ____________________________. Schließlich riss ich mich zusammen und ging ein paar Schritte auf dieses Tor zu, dieses völlig __________________________ Tor. Das Holz war __________________________, seine Maserung offen und grob. __________________________ wie das Holz alter Boote, die viele Jahre auf dem Strand gelegen haben. Es schimmerte leicht. Das Netz war von der gleichen ______________________________ Farbe, wie Spinnweben, und an den beiden Pfählen, die ihm als Befestigung dienten, wuchsen __________________________, ______________________________ Ranken hinauf.

Mal Peet: Keeper. Aus dem Englischen von Eike Schönfeld. Hamburg: Carlsen, 2006.

3 Auf der Lichtung mit dem Fußballtor begegnet der Ich-Erzähler zum ersten Mal dem gespenstischen Torwart, der ihn von da an begleiten wird. Zunächst aber erschrickt der Junge furchtbar. Versetze dich in den Ich-Erzähler und schildere, wie er sich durch den Dschungel nach Hause zurückkämpft. Verwende dabei Mittel des Schilderns. Schreibe ca. 100 Wörter. (→ Heft) ____ von 9

Du kannst zum Beispiel so beginnen:

Aber dann stürzte ich auch schon durch den Blättervorhang und flog über den faulenden, bemoosten Baumstamm und rannte stolpernd in die Richtung, wo ich hoffte, betete, dass mein Haus war. …

Und so könnte dein Schlusssatz lauten:

… In jener Nacht in meinem heißen, dunklen Zimmer zitterte ich, als hätte ich Fieber.

Tipp: Nutze den Überarbeitungsbogen auf den folgenden Seiten, um einzuschätzen, ob deine Erzählung gelungen ist.

Gesamt: ____ von 20

++	+	0	–
20–17 P.	16–11 P.	10–5 P.	unter 5 P.

Überarbeitungsbogen für die eigene Erzählung

Überprüfe deine Erzählungen mithilfe dieses Überarbeitungsbogens:

- Die Abschnitte **1–6** nennen die **allgemein gültigen Regeln** des Erzählens.
- Unter Abschnitt **7** findest du Merkmale, die **zusätzlich bei bestimmten Arten von Erzählungen** berücksichtigt werden müssen.

Wenn du möglichst oft mit *Ja!/Erfüllt!* ✓ geantwortet hast, darfst du davon ausgehen, dass du die Aufgabe gut gelöst hast. Andernfalls kannst du in die Spalte rechts eintragen, woran du noch arbeiten musst.

Tipp: Kopiere diese Seiten oder verwende beim Ausfüllen einen Bleistift. So kannst du die Checkliste immer wieder nutzen.

1 Einleitung		
Mindestens diese W-Fragen werden beantwortet:		
■ Wer?	☐	
■ Wo?	☐	
■ Wann?	☐	
Die Einleitung macht den Leser neugierig.	☐	
2 Hauptteil		
Die einzelnen Handlungsschritte sind klar nachvollziehbar.	☐	
Die Handlungsschritte bauen logisch aufeinander auf.	☐	
In der Erzählung wird auch innere Handlung wiedergegeben:		
■ Gedanken	☐	
■ Gefühle	☐	
3 Höhepunkt		
Die spannendste Stelle der Handlung ist als Höhepunkt erkennbar.	☐	
Der Höhepunkt umfasst mindestens drei Sätze.	☐	
Der Höhepunkt ist spannend ausgestaltet.	☐	

4 Schluss		
Der Schluss rundet die Geschichte ab (z. B. durch Folgen, Ausblick).	☐	
Der Schluss enthält keine neuen Informationen und ist nicht zu lang.	☐	
5 Titel		
Die Überschrift passt zum Inhalt der Erzählung.	☐	
Der Titel erfüllt **eine** der folgenden Anforderungen:		
■ Er erzeugt Spannung.	☐	
■ Er ist witzig.	☐	
■ Er klingt interessant/macht neugierig.	☐	
6 Sprache und Stil		
Der Text enthält treffende Verben und anschauliche Adjektive.	☐	
Wörtliche Rede kommt zum Einsatz.	☐	
Der Satzbau ist abwechslungsreich.	☐	
Die Sätze sind mit geeigneten Verbindungswörtern verknüpft.	☐	
Rechtschreibung und Zeichensetzung sind überwiegend korrekt.	☐	
7 Besonderheiten …		
… beim Erzählen zu einer Bildfolge (Kapitel 2)		
■ Der Inhalt der Geschichte passt zum Inhalt der Bilder.	☐	
■ Der Zusammenhang zwischen den Bildern wird klar.	☐	
■ Die Figuren sind genau und detailgetreu beschrieben.	☐	
… bei einer Reizwortgeschichte (Kapitel 2)		
■ Die Reizwörter tauchen an zentralen Stellen auf.	☐	
■ Der Zusammenhang zwischen den Reizwörtern wird klar.	☐	
■ Lässt man eines der Reizwörter weg, ergibt die Geschichte keinen Sinn mehr.	☐	
… beim Ausgestalten oder Weitererzählen von Textteilen (Kapitel 3)		
■ Die Beantwortung der W-Fragen stimmt mit den Vorgaben (Schlagzeile, Zeitungsmeldung, Erzählanfang) überein.	☐	
■ Die Handlung ist logisch weitergeführt bzw. ausgestaltet.	☐	

… beim Erzählen einer Schildbürgergeschichte (Kapitel 4)

- Das Aufbauschema ist eingehalten: Es treten Probleme auf, die auf originelle, aber falsche Weise gelöst werden. ☐
- Es kommen typische Figuren vor, z. B. Handwerker und andere Bürger der Stadt. ☐
- Die Schildbürger ziehen falsche Schlussfolgerungen, aber sie sind nicht traurig über ihre Misserfolge. ☐
- Die Geschichte ist witzig. ☐
- Die Sprache ist an eine ältere Ausdrucksweise angelehnt. ☐

… beim Erzählen eines Märchens (Kapitel 4)

- Der Text hat eine typische Anfangs- und Schlussformel. ☐
- Die Figuren werden durch Gegensätze charakterisiert. ☐
- Es treten unwirkliche Fabelwesen auf. ☐
- Der Held/die Heldin muss sich bewähren. ☐
- Es kommen magische Handlungen und verzauberte Schauplätze oder Requisiten vor. ☐
- Das Märchen enthält Reime oder Zaubersprüche oder besondere Zahlen spielen eine Rolle (3, 7, 12). ☐
- Das Gute wird am Schluss belohnt, das Böse wird bestraft. ☐
- Es ist **keine** Fantasygeschichte: Es gibt keine genauen Orts- und Zeitangaben, keine ausführlichen Charakterisierungen, keine Requisiten oder Figuren der Science-Fiction-Welt. ☐

… beim Schildern (Kapitel 5)

- Die innere Handlung steht im Vordergrund: Gedanken, Gefühle, Wünsche, Vorstellungen. ☐
- Mit treffenden Verben des Sehens, Hörens, Riechens, Schmeckens und Fühlens werden Sinneswahrnehmungen wiedergegeben. ☐
- Die Sprache ist abwechslungsreich und bildhaft dank anschaulicher Adjektive, sprachlicher Bilder und Vergleiche. ☐
- Die Atmosphäre wird für den Leser fühlbar. ☐
- An passenden Stellen kommt innerer Monolog oder erlebte Rede zum Einsatz. ☐

Lösungen

Von Erlebnissen und Ereignissen erzählen

1 *Siehe Seite 2 unten.*

2

Mündliche Erzählweise	Kennzeichen	Schriftliche Erzählweise
Als wir mit dem Zug angekommen sind, waren unsere Papas und Mamas schon am Bahnhof und haben auf uns gewartet. *(Z. 2/3)*	Zeitform: Perfekt (statt Präteritum)	Als wir mit dem Zug **ankamen**, waren unsere Papas und Mamas schon am Bahnhof und **warteten** auf uns.
... das war ganz prima, nee, wirklich! *(Z. 8/9)*	Umgangssprache	... das **gefiel mir sehr**.
... nämlich, sie haben Angst gehabt, dass ein Zug zu früh abfährt ... *(Z. 8)*	■ falsche Wortstellung im Satz ■ Zeitform: Perfekt	... **sie hatten nämlich** Angst, dass ...
Ich bin Mama in die Arme gesprungen und dann auch Papa, und wir haben uns einen Kuss gegeben, und sie haben zu mir gesagt, ich bin tatsächlich größer geworden und ganz braun. *(Z. 9–11)*	■ Wiederholung der Satzverknüpfung mit *und* ■ Zeitform: Perfekt ■ falsche wörtliche Rede	Ich **sprang** zuerst Mama in die Arme und dann auch Papa. **Wir gaben** uns einen Kuss und sie **sagten zu mir: „Du** bist tatsächlich gewachsen. Außerdem **bist du** ganz braun geworden**!“**

3

1 Die Rettung der Ertrinkenden *(Z. 2/3, 5/6)*
2 Der Sieg beim Fischerwettbewerb *(Z. 6–8)*
3 Nick hilft der Polizei, einen Dieb zu fangen *(Z. 10/11)*
4 Nick schwimmt zum Leuchtturm *(Z. 11–14)*
5 Die Rettung der Kameraden aus dem Wald *(Z. 14/15)*

4 **a** und **b**
Siehe Schreibplan Seite 7.

5
- Ich bin ein ziemlich guter Schwimmer. Wie es zuging, dass ich trotzdem einmal beinahe ertrank, will ich euch jetzt erzählen. 3
- Die letzten Sommerferien verbrachte ich in einem Ferienlager für Kinder am Süderfehner Strand. Besonders gern spielten wir am Meer. Einmal entdeckten wir einen Leuchtturm auf einer kleinen Insel, die ca. einen Kilometer vom Festland entfernt war. 1
- „Das schaffst du nie!", rief Lukas. Wir standen am Strand und blickten hinaus aufs Meer. Dort, in etwa einem Kilometer Entfernung, lag eine kleine Insel mit einem Leuchtturm. Irgendwer war auf die Idee gekommen, dass ich – der beste Schwimmer der Gruppe – dorthin schwimmen sollte. 2

6 Mein Freund hatte die Idee, dass einer zum Leuchtturm schwimmen sollte. Ich schwamm zum Leuchtturm. Das Wetter war schlecht, die Wellen waren gefährlich. Der Wind war auch gefährlich. Ich schwamm wieder zurück. Mit letzter Kraft schwamm ich ans Ufer.

Fehler:
- Wiederholungen
- langweilige, ungenaue Wortwahl
- abgehackte Erzählweise (keine Satzverknüpfungen)
- monotoner Satzbau
- zu kurz, zu wenige Einzelheiten

7 *Lösungsvorschlag:*

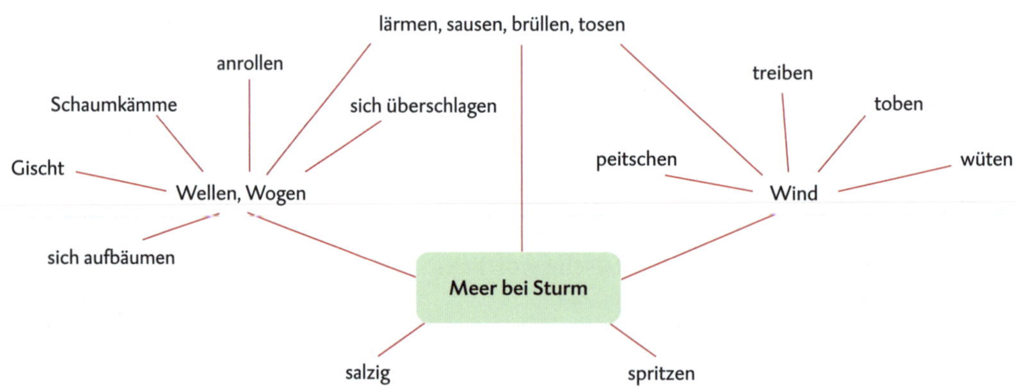

8 Ich ~~ging~~ **stürzte mich**/**sprang**/**stürmte** sofort ins Wasser. Es war ~~sehr~~ **eisig** kalt, ~~große~~ **hohe**/**turmhohe**/**riesige** Wellen ~~kamen~~ **rollten**/**wogten**/**trieben** mir entgegen, und ~~das Wasser ging~~ **die Gischt spritzte** mir ~~blöd~~ **salzig**/**brennend** ins Gesicht. Außerdem ~~kam~~ **wehte**/**blies** ein ~~großer~~ **starker**/**heftiger**/**tosender** Wind vom Meer her, sodass es ~~blöd~~ **schwer**/**anstrengend** wurde vorwärtszukommen.

9 **a** Wieder kamen mir die hohen Wellen entgegen. Sie bäumten sich auf wie wilde **Pferde**.

b Normalerweise hatte ich keine Angst vor den Wellen, denn ich konnte schwimmen wie **ein Fisch**.

c Aber jetzt waren meine Arme und Beine schwer wie **Blei**.

d Und der Strand schien noch **kilometer-/meilen**weit entfernt.

e In dieser Nacht schlief ich wie ein **Murmeltier/Stein**.

f Im Nachhinein musste ich zugeben: Als ich ins Wasser sprang, **hatte ich einen dicken Kloß im Hals/war mir ganz mulmig**.

10 10 11 **Als/Sobald** wir an den Strand kamen, schrie Lukas: „Seht mal, der Leuchtturm! Wer sich was traut, schwimmt hinüber!“ Ich antwortete großspurig: „Das ist doch nicht weit, das schafft doch jeder, sogar du, du Landratte!“ „Wetten, dass *du* es nicht schaffst, du Angeber?“, rief Lukas provozierend. **Inzwischen/Währenddessen** hatte sich eine ganze Gruppe von Kindern um uns aufgestellt. Alle schienen zu erwarten, dass ich etwas tat. Ich fühlte mich ziemlich unter Druck, **da/weil/als** die vielen Blicke auf mir ruhten. **Deshalb/Also/Infolgedessen** musste ich die Herausforderung wohl oder übel annehmen. Ich warf einen Blick auf die kleine Insel, auf der der Leuchtturm stand. Sie war ungefähr einen Kilometer vom Strand entfernt. „Kein Problem, unter normalen Umständen“, dachte ich. **Aber/Doch** heute war das Wetter schlecht. **Daher/Darum/Deswegen** würde es schwer sein, gegen die hohen Wellen anzuschwimmen. **Außerdem/Zudem/Obendrein** wehte am Strand eine rote Fahne: Das bedeutete, dass es verboten war, im Meer zu schwimmen. **Dennoch/Trotzdem/Nichtsdestotrotz** entschloss ich mich, es zu tun. „Was soll’s, mir wird schon nichts passieren“, sagte ich mir. ...

12 **a** *Weg zur Insel (2. Erzählschritt) – mögliche Lösungen:*

- „Die Strömung ist aber stark“, fuhr es mir durch den Kopf, „viel stärker, als ich angenommen hatte.“
- Bei jedem Schwimmzug spürte ich den heftigen Widerstand des Wassers. Ich konzentrierte mich ganz auf meine Bewegungen.
- Uff – die Insel ist erreicht! Wusste doch, dass ich das schaffe. Was jetzt? Eigentlich hab ich ja keine Lust, mich lange hier aufzuhalten. Nur kurz verschnaufen ...

b *Weg von der Insel zurück (3. Erzählschritt) – mögliche Lösungen:*

- „Das schaffe ich schon“, redete ich mir selbst ein, obwohl völlig außer Atem.
- Allmählich bekam ich es mit der Angst zu tun. Meine Arme und Beine wurden schwerer und schwerer.
- Wie soll ich nur diese riesigen Wellen überwinden? Das Ufer ist noch so weit weg. Warum hab ich mich nur auf diesen Blödsinn eingelassen?

13 13 Schon erlahmen meine Beine und ich merke, wie ich müde werde. Ich habe Unmengen Salzwasser geschluckt und mir ist übel. Soll ich einfach aufgeben? Durch einen Schleier von Wasser erblicke ich in der Ferne am Strand die anderen Kinder, die schreien und winken. „Nur noch ein paar Meter“, denke ich, „das muss doch gehen!“ Mit letzter Kraft kämpfe ich noch einmal gegen die Strömung an – und plötzlich fühle ich den weichen Sandboden an den Füßen. Ich habe es geschafft. Noch ganz benommen wanke ich an den Strand. ...

Hast du’s gewusst?

14
- Die anderen umringten mich sofort, glücklich, dass ich heil zurückgekommen war. Ich fühlte mich sehr erleichtert und etwas stolz war ich auch. Trotzdem werde ich in Zukunft die rote Fahne am Strand etwas ernster nehmen. 2
- Die anderen umringten mich sofort, glücklich, dass ich heil zurückgekommen war. Auch ich war sehr erleichtert, aber auch erschöpft. Und so endete also der Tag, an dem ich beinahe im Meer ertrunken wäre. 4
- Die anderen umringten mich sofort, glücklich, dass ich heil zurückgekommen war. Ich fühlte mich sehr erleichtert, aber auch erschöpft. Außerdem war ich so unterkühlt, dass ich den ganzen restlichen Tag mit einer Wärmflasche in meinem Schlafsack verbringen musste. 1
- Die anderen umringten mich sofort, glücklich, dass ich heil zurückgekommen war. Lukas sah mich anerkennend an, dann grinste er verschmitzt und sagte: „Ist ja schön, dass du zweimal einen Kilometer geschwommen bist. Aber weißt du denn nicht, dass es am Ende der Bucht eine Landzunge gibt, von der aus es vielleicht zwanzig Meter bis zu der Insel sind?“ 3

15
Mögliche Titel:
- Mein wilder Wellenritt
- Die Leuchtturm-Challenge
- Gefährliche Brandung

16

Text	Fehler und Verbesserung
Voll gern spielten wir am Strand.	**Umgangssprache:** Sehr gern .../Besonders gern ...
... am Süderfehner Strand. Voll gern spielten wir am Strand. Einmal entdeckten wir einen Leuchtturm auf einer kleinen Insel ca. einen Kilometer entfernt vom Strand.	**Wortwiederholung:** ... spielten wir am Meer. Einmal entdeckten wir ... entfernt vom Festland.
Er schrie sofort:	**Bezug unklar/Lücke (Wer ist „er“?):** Mein Freund Lukas schrie sofort:
Ich sagte großspurig: ... ... sagte Lukas provozierend.	**zu allgemeine/eintönige Wortwahl:** Ich antwortete großspurig: ... ... rief Lukas provozierend.

Text	Fehler und Verbesserung
Ich fühlte mich ziemlich unter Druck … Ich musste die Herausforderung wohl oder übel annehmen. Ich warf einen Blick …	**eintöniger Satzbau/gleiche Satzanfänge:** Ich fühlte mich ziemlich unter Druck … Also musste ich die Herausforderung wohl oder übel annehmen. Schnell warf ich einen Blick …
Auserdem …	**Rechtschreibung:** Außerdem …
Bei den bewundernden Blicken …	**Ausdruck/Grammatik:** Unter den …
Wiederstand	**Rechtschreibung:** Widerstand…
Dann kam ich gut vorwärts … Dann sah ich den Leuchtturm … Dann war die Insel erreicht.	**unzusammenhängende Sätze/gleiche Satzanfänge:** Trotzdem kam ich gut vorwärts … Schon sah ich den Leuchtturm … Endlich war die Insel erreicht.
Ich war froh, hatte aber keinen Bock …	**Umgangssprache:** Ich war froh, hatte aber keine Lust …
Der Wind war stärker geworden und ging mir heftig ins Gesicht.	**zu allgemeine/ungenaue Wortwahl:** Der Wind war stärker geworden und blies/wehte mir heftig ins Gesicht.
Ströhmung	**Rechtschreibung:** Strömung
Wie sollte ich nur über diese hohen Wellen drüberkommen?	**Umgangssprache:** Wie sollte ich nur diese hohen Wellen überwinden?

Test 1

1

Einleitung	
Wann?	Sommerferien
Wer?	ich, viele andere Kinder
Wo?	Ferienlager am Süderfehner Strand
Was?	Diebstahl im Camp
Hauptteil	
1. Erzählschritt	■ Rucksäcke in den Zelten deponiert ■ am Abend: zwei Rucksäcke verschwunden (Inhalt: 200 Euro) ■ Verständigung der Polizei
2. Erzählschritt: steigende Handlung	■ Nacht: seltsame Geräusche im Lager ■ ich krieche aus dem Zelt, sehe einen Mann, der durch das Lager schleicht ■ folge dem Mann leise
3. Erzählschritt: Höhepunkt	■ Dieb dreht sich um, will mir nachlaufen ■ Polizisten erscheinen
4. Erzählschritt: fallende Handlung	■ Festnahme des Diebes
Schluss	
Welche Folgen?	■ Erleichterung ■ Lob von Leitern des Ferienlagers ■ Begeisterung der Kinder

2

- **allmähliche Hinführung**
  Die letzten Sommerferien verbrachte ich in einem Ferienlager für Kinder am Süderfehner Strand. Besonders gefiel mir, dass wir in Zelten schliefen. In der Nacht konnte man viele geheimnisvolle Geräusche aus dem Wald hören, und ich stellte mir vor, wie Gespenster oder Räuber durch das Lager schlichen.
- **Einstieg mitten ins Geschehen**
  „Mein Rucksack ist weg!“, rief Peter, als wir am späten Nachmittag vom Strand in das Zeltlager kamen, das in diesen Sommerferien für vier Wochen unser Zuhause sein sollte. „Ich habe ihn doch direkt neben meinen Schlafsack gelegt, damit ich ihn gleich wiederfinde.“ Wir waren sehr überrascht, denn Peter war einer der Ordentlichsten aus unserer Gruppe. Er verschlampte praktisch nie etwas.
- **Vorausdeutung**
  Eigentlich soll man ja nicht der Polizei ins Handwerk pfuschen und selber Detektiv spielen, wenn ein Dieb unterwegs ist. In unserem Ferienlager am Süderfehner Strand wurde ich aber doch unfreiwillig zum Hilfspolizisten, und das kam so:

3 **Hauptteil zu Einleitung 1**

Als wir eines Abends vom Strand zurück ins Zeltlager kamen, schrie mein Freund Peter plötzlich: „Mein Rucksack ist weg!“ Wir liefen sofort zu ihm und er erklärte ratlos: „Ich habe ihn doch direkt neben meinen Schlafsack gelegt, damit ich ihn gleich wiederfinde – es waren 50 Euro drin.“ Wir alle waren sehr überrascht, denn Peter war einer der Ordentlichsten aus unserer Gruppe. Er verschlampte praktisch nie etwas. Trotzdem begannen wir zu suchen. Doch auf einmal kam aus einem anderen Zelt ein Junge und rief: „Bei uns ist auch ein Rucksack verschwunden, mit einem Geldbeutel mit 150 Euro!“ Jetzt war klar, dass es sich nicht um Schlamperei handeln konnte. Wir sagten den Betreuern Bescheid und sie informierten die Polizei. Die nahm zwar alles auf, konnte aber vorerst auch nichts tun.

Noch sehr aufgeregt von den Ereignissen des Tages schlüpften wir in unsere Schlafsäcke. Mir fiel es schwer einzuschlafen, denn ich musste noch viel über die verschwundenen Rucksäcke nachdenken. Ob jemand von den Teilnehmern sie geklaut hatte?

Auf einmal hörte ich draußen ein seltsames kratzendes Geräusch, so als ob ein größeres Tier sich an der Zeltwand zu schaffen machte. Am liebsten hätte ich mir den Schlafsack über den Kopf gezogen, denn mir war sehr mulmig zumute. Doch die Neugier siegte und ich stand auf und krabbelte behutsam aus dem Zelt. In ein paar Metern Entfernung erblickte ich einen Schatten. Nein, es war kein Tier, sondern ein Mann, der durchs Lager schlich! Leise, ganz leise folgte ich ihm.

4 Aber offensichtlich nicht leise genug. Ich konnte praktisch nichts sehen, so dunkel war es im Camp. Auf einmal knackte es unter meinen Füßen, ein Zweig zerbrach. So ein Mist! Ich halte die Luft an. Hat er das gehört? Der Mann dreht sich augenblicklich um. Er sieht mich und bewegt sich rasch auf mich zu. Vor Angst wie gelähmt stehe ich ganz still, während die Gestalt immer näher kommt. „Hände hoch, bleiben Sie stehen!“, höre ich auf einmal eine Stimme. Genau in diesem Moment leuchtet eine Taschenlampe auf und ich erblicke zwei Polizisten, die den erschrockenen Dieb blitzartig packen und ihm Handschellen anlegen.

5

- **Darstellung der Folgen**
  Ich fiel fast um vor Erleichterung. Der Mann war tatsächlich der Rucksackdieb. Das Diebesgut fand man in einem kleinen Auto, mit dem er an den Waldrand gefahren war. Meine Freunde bekamen ihr Eigentum zurück, und ich erhielt ein großes Lob von den Betreuern, denn ohne das Knacken des Zweiges, auf den ich getreten war, wären die Polizisten wohl nicht auf den Eindringling aufmerksam geworden, wie sie später eingestanden. Meine Kameraden ließen mich hochleben, und ich war der Held des Tages.
- **Fazit/Lehre**
  Ich fiel fast um vor Erleichterung. Der Mann war tatsächlich der Rucksackdieb. Das Diebesgut fand man in einem kleinen Auto, mit dem er an den Waldrand gefahren war. Meine Freunde bekamen ihr Eigentum zurück, und ich erhielt ein großes Lob von den Betreuern, denn ohne das Knacken des Zweiges, auf den ich getreten war, wären die Polizisten wohl nicht auf den Eindringling aufmerksam geworden, wie sie später eingestanden. Meine Kameraden ließen mich hochleben, und ich war der Held des Tages. Trotzdem beschloss ich, in Zukunft nicht mehr auf eigene Faust Verbrecher zu jagen, denn wer weiß, wie das Ganze geendet hätte, wenn die Polizei nicht rechtzeitig aufgetaucht wäre?

- **Pointe**
  Ich fiel fast um vor Erleichterung. Der Mann war tatsächlich der Rucksackdieb. In einem kleinen Auto, das er am Waldrand geparkt hatte, fand man das Diebesgut und zusätzlich noch ca. 20 Rucksäcke, die er aus den umliegenden Ferienlagern und Hotels gestohlen hatte. Es handelte sich um einen Räuber, den die Polizei schon länger gesucht hatte. Meine Freunde bekamen ihr Eigentum zurück, und ich erhielt ein großes Lob von den Betreuern, denn ohne das Knacken des Zweiges, auf den ich getreten war, wären die Polizisten wohl nicht auf den Eindringling aufmerksam geworden. Meine Kameraden ließen mich hochleben, und ich war der Held des Tages.
- **Bezug zur Einleitung**
  Ich fiel fast um vor Erleichterung. Der Mann war wirklich der Rucksackdieb. Das Diebesgut fand man in einem kleinen Auto, mit dem er an den Waldrand gefahren war. Meine Freunde bekamen ihr Eigentum zurück, und ich erhielt ein großes Lob von den Betreuern, denn ohne das Knacken des Zweiges, auf den ich getreten war, wären die Polizisten wohl nicht auf den Eindringling aufmerksam geworden, wie sie später eingestanden. Einen Hilfspolizisten hatten sie diesmal tatsächlich nötig gehabt.

6 *Mögliche Überschriften (Beispiele):*
- Mein Abenteuer als Hilfspolizist
- Der Rucksackdieb
- Im Wald, da sind die Räuber
- Eine aufregende Nacht

Nach Vorgaben und Impulsen erzählen

17

Das Mädchen brachte den Topf seiner Mutter heim, und nun waren sie ihrer Armut und ihres Hungers ledig und aßen süßen Brei, sooft sie wollten. Auf eine Zeit war das Mädchen ausgegangen, da sprach die Mutter „Töpfchen, koche", da kocht es, und sie isst sich satt; nun will sie, dass das Töpfchen wieder aufhören soll, aber sie weiß das Wort nicht. Also kocht es fort, und der Brei steigt über den Rand hinaus und kocht immerzu, die Küche und das ganze Haus voll, und das zweite Haus und dann die Straße, als wollts die ganze Welt satt machen, und ist die größte Not, und kein Mensch weiß sich da zu helfen. Endlich, wie nur noch ein einziges Haus übrig ist, da kommt das Kind heim, und spricht nur „Töpfchen, steh", da steht es und hört auf zu kochen; und wer wieder in die Stadt wollte, der musste sich durchessen.

18

a Das Mädchen ist die Hauptfigur. Weil es arm ist, braucht es den Brei von dem Zaubertöpfchen; weil es fromm ist, hat es diese Hilfe auch verdient.

b Das ist der entscheidende Punkt für den Handlungsverlauf: Ab diesem Moment beginnt der Brei, die ganze Stadt zu überschwemmen, und die Katastrophe nimmt ihren Lauf.

c Es ist der Höhe- und Wendepunkt, an dem die Spannung auf die Spitze getrieben wird: In allerletzter Minute, als schon beinahe die ganze Stadt unter Brei begraben ist, kehrt das Mädchen zurück und stoppt das kochende Töpfchen.

19

Einleitung	Es war einmal ein armes, frommes Mädchen, das lebte mit seiner Mutter allein, und sie hatten nichts mehr zu essen.
Hauptteil **1. Erzählschritt**	Da ging das Kind hinaus in den Wald, und begegnete ihm da eine alte Frau, die wusste seinen Jammer schon und schenkte ihm ein Töpfchen, zu dem sollte es sagen „Töpfchen, koche", so kochte es guten süßen Hirsenbrei, und wenn es sagte „Töpfchen, steh", so hörte es wieder auf zu kochen. Das Mädchen brachte den Topf seiner Mutter heim, und nun waren sie ihrer Armut und ihres Hungers ledig und aßen süßen Brei, sooft sie wollten.
2. Erzählschritt	Auf eine Zeit war das Mädchen ausgegangen, da sprach die Mutter „Töpfchen, koche", da kocht es, und sie isst sich satt; nun will sie, dass das Töpfchen wieder aufhören soll, aber sie weiß das Wort nicht. Also kocht es fort, und der Brei steigt über den Rand hinaus und kocht immerzu, die Küche und das ganze Haus voll, und das zweite Haus und dann die Straße, als wollt's die ganze Welt satt machen, und ist die größte Not, und kein Mensch weiß sich da zu helfen.
3. Erzählschritt **→ Höhe-/ Wendepunkt**	Endlich, wie nur noch ein einziges Haus übrig ist, da kommt das Kind heim, und spricht nur „Töpfchen, steh", da steht es und hört auf zu kochen;
Schluss	und wer wieder in die Stadt wollte, der musste sich durchessen.

20

Textpassage	Mögliche Formulierungen in eigenen Worten
sie hatten nichts mehr zu essen *(Z. 3)*	Das Essen ging ihnen aus. / Ihre Lebensmittel waren aufgebraucht. / Sie hatten keine Nahrung/Vorräte mehr.
Da ging das Kind hinaus in den Wald, und begegnete ihm da eine alte Frau. *(Z. 4/5)*	Im Wald traf das Mädchen (einmal) eine alte Frau.
die wusste seinen Jammer schon *(Z. 6)*	Das Mädchen brauchte ihr nichts mehr zu sagen, denn sie wusste bereits über dessen Not/Elend Bescheid.
nun waren sie ihrer Armut und ihres Hungers ledig *(Z. 15–17)*	Von da an hatten sie keine Not mehr und mussten nie mehr hungern/Hunger leiden. / Ab dieser Zeit hatte ihr Elend ein Ende.
ist die größte Not, und kein Mensch weiß sich da zu helfen *(Z. 36–38)*	Es ist eine Katastrophe und keiner kann es verhindern/aufhalten. / Niemand weiß einen Ausweg aus der schlimmen Lage.
Endlich, wie nur noch ein einziges Haus übrig ist, da kommt das Kind heim *(Z. 38–40)*	Am Ende ist die Stadt bis auf ein einziges Haus von Brei bedeckt, als das Mädchen schließlich zurückkommt.

21 **Das Märchen vom süßen Brei**

Ein braves Mädchen und seine Mutter lebten allein miteinander. Sie waren sehr arm und eines Tages ging ihnen das Essen aus.
Das Mädchen wusste sich nicht zu helfen und lief in seiner Verzweiflung in den Wald. Dort traf es eine alte Frau. Der musste das Mädchen nichts erklären, denn die Alte wusste bereits über dessen Not Bescheid. Sie wollte dem armen Kind und seiner Mutter helfen und gab ihm deshalb ein Zaubertöpfchen. Dazu erklärte sie: „Wenn du zu dem Töpfchen sagst: ‚Töpfchen, koche‘, dann bereitet es leckeren Hirsebrei zu und man kann sich immer satt essen. Wenn du danach willst, dass es wieder aufhört, Brei zu kochen, dann sag einfach: ‚Töpfchen, steh‘.“ Überglücklich nahm das Mädchen den Topf mit nach Hause. Nun hatte das Elend endlich ein Ende und Mutter und Tochter mussten nicht mehr hungern, denn sie konnten sich immer guten Brei kochen.
Eines Tages war das Mädchen nicht zu Hause, da bekam die Mutter Hunger und sagte den Zauberspruch zu dem Töpfchen: „Töpfchen, koche!“ Das Töpfchen gehorcht sofort und kocht so viel Brei, dass sich die Mutter satt essen kann. Als sie das Kochen wieder beenden will, merkt sie jedoch, dass sie das Zauberwort vergessen hat. Die richtigen Worte fallen ihr einfach nicht ein und so kocht der Topf weiter und weiter. Der Brei fließt zum Haus hinaus und überschwemmt das Nachbarhaus und dann die Straße und nach und nach die ganze Stadt. Niemand weiß einen Ausweg aus dieser schlimmen Lage.

Am Ende ist die Stadt bereits bis auf ein einziges Haus von Brei bedeckt, als das Mädchen schließlich zurückkommt. Schnell ruft sie: „Töpfchen, steh!“, und sofort ist das Kochen vorbei. Aber jeder, der von da an den Ort besuchen wollte, musste sich erst einen Weg durch den Brei essen.

22

Fragen	Notizen zu Abbildung 2
Wie viele und welche Figuren sind auf dem Bild zu sehen?	vier Figuren, zwei männlich, zwei weiblich
In welcher Umgebung befinden sie sich? Welche Zeit herrscht?	im Haus/Zimmer, am Esstisch sitzend, morgens/beim Frühstück (Croissants, Kaffeetasse etc.)
Was erfährst du über die Figuren?	ein Mann, eine Frau, zwei Kinder/Jugendliche, alle in Schlafanzug, Bademantel oder Freizeitkleidung
In welcher Beziehung stehen die Figuren zueinander?	vermutlich eine Familie – Vater, Mutter, Sohn und Tochter
Was tun die Figuren?	sie frühstücken, Vater und Mutter lächeln sich an, sie hält eine Tasse, er ein Messer; die Kinder zerren an einem Brotkorb, streiten sich offenbar, der Junge hat den Mund aufgerissen, das Mädchen schaut ihn böse an
Was denken, fühlen oder sagen die Figuren?	die Kinder sind aufgebracht, schreien, heulen evtl., sind wütend aufeinander; die Eltern bleiben entspannt, vielleicht ist Wochenende und sie freuen sich, nicht zur Arbeit zu müssen, die streitenden Kinder stören sie nicht
Was ist wohl vor der Szene passiert?	die Kinder ärgern sich gegenseitig, jeder will zuerst von den Croissants nehmen, der Junge wirft sein Glas um (Milch auf dem Tisch)
Was wird danach passieren?	die Eltern werden böse wegen der Unordnung, erklären, dass genug Essen für alle da ist, einer geht einen Lappen holen, um die Milch aufzuwischen

23 **a** entspannt/zufrieden **b** unglücklich/angespannt **c** verschmitzt

23 **d** erschrocken **e** ängstlich/verwirrt **f** nachdenklich
g begeistert/überrascht **h** verzweifelt/unglücklich **i** wütend/verärgert
j verträumt/zufrieden **k** erstaunt/überrascht **l** fröhlich

24

	Notizen zu Abbildung 3	Notizen zu Abbildung 4
Gestik	das Mädchen kickt mit dem rechten Fuß eine Coladose in die Luft, die Hand ist zur Faust geballt, die Schultern hochgezogen	der Sportler ist mitten im Lauf, die Arme sind ausgebreitet, die Hände zu Fäusten geballt
Mimik	die Augenbrauen sind zusammengezogen, die Augen leicht geschlossen, der Blick ist böse/wütend, der Mund verkniffen, die Wangen sind gerötet	das Gesicht ist entspannt, der Mund weit aufgerissen
Gefühle	Wut, Ärger, Frustration	Jubel, Begeisterung, Freude, Erleichterung
Aussage/Gedanke (wörtliche Rede)	„So ein Mist!“, „Die sind blöd.“, „Das lasse ich nicht mit mir machen.“	„ Juhuu!“, „Endlich, ein Tor!“, „Gewonnen!“
Auslöser/vorausgegangenes Ereignis	etwas ist misslungen oder jemand hat das Mädchen bis zur Weißglut geärgert	der Fußballspieler (oder jemand aus seiner Mannschaft) hat soeben ein Tor geschossen oder sein Team hat das Spiel gewonnen

25 *Siehe nächste Seite.*

26

Bild 1	■ Zwei Jungen prügeln sich (Ich-Erzähler und ein Freund).
Bild 2	■ Der Ich-Erzähler läuft weinend zu seinem Vater und erzählt ihm von der Rauferei.
Bild 3	■ Beide Jungen laufen mit ihren Vätern wütend aufeinander zu.
Bild 4	■ Die Väter streiten sich.
Bild 5	■ Die Väter werden handgreiflich. ★
Bild 6	■ Die Väter prügeln sich, die Jungen spielen friedlich daneben.

25

27 *durchgestrichen:* Falsches bzw. Unpassendes und Überflüssiges
farbig markiert: Gelungenes (hier: wörtliche Rede)

~~Gestern spielte ich nach der Schule mit meinem Freund Paul Fußball. Wir spielten stundenlang. Ich schoss viel mehr Tore als er und das, obwohl er mich foulte. Später gingen wir beide nach Hause und machten aus, uns heute wieder zum Spielen zu treffen.~~ Heute war ein sehr schöner, sonniger Tag und noch dazu Ferien! Deshalb sprang ich morgens fröhlich aus dem Bett und ging gleich nach dem Frühstück hinaus in den Hof. Paul wartete schon auf mich. „Wollen wir Kniffel spielen?“, fragte er. Wir spielten eine Weile, aber ich verlor immer. ~~Und dabei habe ich sonst meistens Glück, zum Beispiel, wenn wir mit der Familie das Leiterspiel spielen. Da würfle ich immer so, dass ich nur die Felder treffe, bei denen ich hin-~~

~~aufklettern kann, während meine Schwester ständig abstürzt.~~ Mir kam Pauls Glückssträhne irgendwann komisch vor. Deshalb rief ich: „Du schummelst ja!“ „Tu ich nicht!“, schrie darauf Paul. „Tust du wohl!“, hielt ich dagegen. ~~Während ich sah, wie sich mein großer Bruder gerade näherte~~, stürzte sich Paul auf mich. Ich wehrte mich natürlich und so waren wir bald mitten in einer heftigen Rauferei.

28 … Ich wehrte mich natürlich und so waren wir bald mitten in einer heftigen Rauferei.

Paul schlug ziemlich fest zu. **Deshalb hatte ich bald genug und machte mich los. Meine Wange schmerzte schon von den Ohrfeigen. Da spürte ich einen harten Schlag genau auf der Nase. „Au!“ Obwohl ich das gar nicht wollte, stiegen mir die Tränen in die Augen. Jetzt reichte es!** Weinend lief ich zu Papa und rief: „Paul hat mich geschlagen!“

Papa sagte tröstend: „Ist schon gut, Junge, beruhige dich! Ich werde mal ein ernstes Wörtchen mit Paul reden.“ Er nahm mich an der Hand und eilte sofort los in die Richtung, die ich ihm gezeigt hatte. **Mir wurde gleich leichter ums Herz. Papa würde dafür sorgen, dass Paul seine gerechte Strafe erhielt.** Doch auf halbem Weg kamen uns bereits Paul und sein Vater, Herr Bernbacher, entgegen. **Sie sahen auch ziemlich wütend aus. Da wurde mir doch wieder etwas mulmig.**

„Was fällt Ihrem unverschämten Bengel ein, meinen Sohn zu schlagen?“, brüllte Pauls Vater aufgebracht. „Aber Ihr Rotzlöffel von Sohn hat doch mein Kind verprügelt“, erwiderte Papa empört. „Sie sind ja total bescheuert! Und unfähig zur Kindererziehung obendrein!“, zeterte Herr Bernbacher weiter. Da wurde Papa so zornig, dass er sein Gegenüber am Mantelkragen packte. Daraufhin holte Pauls Vater wutentbrannt aus, aber bevor er zuschlagen konnte, reagierte mein Vater schon und verpasste ihm eine kräftige Ohrfeige. Der Gegenschlag ließ nicht lange auf sich warten und die beiden fingen an, wie die Wilden zu raufen. Paul und ich beobachteten das Geschehen sprachlos. Irgendwann stieß Paul mich an und fragte: „Wollen wir weiter kniffeln?“

Das taten wir, und als Papa schließlich mit zahlreichen blauen Flecken den Heimweg antrat, waren Paul und ich schon wieder die besten Freunde. **Trotzdem war ich mir sicher: Ich habe den besten Vater der Welt!**

29

- Die wütenden Väter ➡ *zu allgemein*
- Mein Vater, der Held ➡ *möglich, gibt aber nicht den Kern der Geschichte wieder*
- Gewalt lohnt sich nicht ➡ *möglich, erzeugt aber keine Spannung*
- Vater und Sohn ➡ *zu allgemein, langweilig*
- **Pack schlägt sich, Pack verträgt sich** ➡ *griffig, witzig (Sprichwörter und Redensarten eignen sich oft als Titel)*

30

a ☒ Bei einer Wanderung im Gebirge verirren sich die Wanderer; als es schon dunkel wird, sehen sie die richtige Markierung an einem Felsen und finden wieder zurück.

b ☒ Ein Angeber springt im Schwimmbad vom Zehnmeterturm, fällt jedoch so unglücklich, dass der Notarzt geholt werden muss.

31

Einleitung	Ich-Erzählerin und Katze allein zu Hause
Hauptteil	
1. Erzählschritt	■ **Ich-Erzählerin bekommt Hunger** ■ **beschließt, leckere Pfannkuchen zu backen**
2. Erzählschritt	■ Ich-Erzählerin isst ■ Katze bekommt auch etwas Pfannkuchen ab
3. Erzählschritt	■ **Ich-Erzählerin beschäftigt sich anderweitig** ■ **Katze wird unruhig, miaut heftig**
Höhepunkt	■ Rauch dringt aus der Küche ★ ■ **Erzählerin hat Herdplatte angelassen**
4. Erzählschritt	■ Ich-Erzählerin ruft Feuerwehr ■ Wohnungsbrand wird in letzter Minute gelöscht
Schluss	**alle sind gerettet, Katze ist die Heldin**

32

Einleitung	➡ entspannt, fröhlich
Hauptteil	
1. Erzählschritt	➡ eifrig
2. Erzählschritt	➡ genießerisch, zufrieden
3. Erzählschritt	➡ abgelenkt, versunken
Höhepunkt	➡ erschrocken
4. Erzählschritt	➡ panisch, angsterfüllt
Schluss	➡ erleichtert, dankbar

33
- **a** In der **heißen** Pfanne **zischte**/**brutzelte** das Fett.
- **b** Ich **goss**/**schöpfte**/**löffelte** den **flüssigen** Teig in die Pfanne.
- **c** Der **goldene**/**goldgelbe**/**kreisrunde** Pfannkuchen **brutzelte**/**backte** in der Pfanne.
- **d** **Schnell**/**Geschickt**/**Vorsichtig** ließ ich den fertigen Pfannkuchen von der Pfanne auf den Teller **gleiten**.
- **e** Vor dem Essen **bestrich**/**verfeinerte**/**füllte** ich den Pfannkuchen mit **süßer** Nuss-Nugat-Creme.

34
- **a** **Dichter**/**starker**/**beißender** Rauch **drang**/**stieg** aus der Küche.
- **b** Der Rauch **brannte** mir in den Augen/**reizte** meine Augen.
- **c** Minka **stupste** mich sanft mit der Schnauze.
- **d** Die Feuerwehrleute **stürzten**/**stürmten**/**rannten** ins Haus.
- **e** Ich **kämpfte mich**/**stolperte** durch den dicken Qualm.

35 **Zum Glück gibt's Minka**

An diesem Samstag hatten meine Eltern beschlossen, eine Bergtour zu machen. Da ich Wanderungen hasse, erlaubten sie mir, allein zu Hause zu bleiben. Ich freute mich auf einen ruhigen Tag, an dem ich tun konnte, was ich wollte. Bei mir war nur Minka, unsere grau getigerte Hauskatze.

Gegen Mittag bekamen wir beide Hunger. Ich füllte Minkas Napf mit Katzenfutter und versprach ihr: **„Zur Feier des Tages bekommst du heute noch eine besondere Nachspeise. Da wirst du Augen machen!“** Ich hatte vor, Pfannkuchen zu backen, denn die kann ich ziemlich gut. Schnell vermischte ich Mehl, Milch und Eier und stellte eine Pfanne auf den Herd. Die Platte drehte ich auf die höchste Stufe. Es zischte, als ich die Butter hineingab, und schon bald brutzelte der erste Pfannkuchen im heißen Fett. Ein köstlicher Geruch stieg auf und machte mir Appetit. **„Riechst du das auch, Minka? Lecker! Mir läuft schon das Wasser im Mund zusammen.“** Wie der perfekte Pfannkuchen aus dem Kochbuch lag er da in der Pfanne – goldbraun und rund wie ein Vollmond. **„Jetzt nur noch schnell den Tisch decken“, dachte ich, „und dann wartet auch schon das Festmahl auf mich.“**
Vorsichtig ließ ich die fertigen Pfannkuchen von der Pfanne auf den Teller gleiten und bestrich sie anschließend einen nach dem anderen mit süßem Nutella. Minka blickte mich erwartungsvoll an. **„Also gut“, seufzte ich, „du hast es nicht vergessen; dann bekommst du eben auch ein paar Stückchen, obwohl Pfannkuchen eigentlich nichts für Katzen sind.“** So verzehrten wir beide unser Mittagessen. Es war ein Genuss!
Danach räumte ich geschwind die Teller weg und lief in mein Zimmer, denn ich hatte vor, Hausaufgaben zu machen. Ich war gerade in eine Matheaufgabe vertieft, als Minka die Tür aufstieß und auf den Schreibtisch hüpfte. **„Was ist denn los, Minka?“, fragte ich.** Sie aber stupste mich nur immer wieder sanft mit der Nase an und als ich nicht weiter reagierte, begann sie laut zu miauen. Schließlich sprang sie wieder vom Tisch und lief zur Tür, als wollte sie mir etwas sagen. Ich beschloss ihr zu folgen, und da sah ich es schon: Aus der Küche drang dichter Qualm und es roch nach verbranntem Fett. **„Oh nein, die Herdplatte!“, schoss es mir durch den Kopf. „Ich habe vergessen auszuschalten!“**
Ich renne zur Küche, doch der Rauch brennt mir in den Augen, sodass ich kaum vorwärts komme. **„Miau, miau, miau“, höre ich Minka unentwegt.** Panisch stürze ich zum Telefon und wähle die Notrufnummer. **„Hallo Notruf? Hier Ann-Kathrin Glück ... Kantstraße 14 in Plauen ... Küchenbrand ... Feuerwehr, schnell!“, bringe ich keuchend und hustend gerade noch hervor,** schon holt mich der Rauch ein. Ich packe Minka und stolpere mit ihr zu Tür hinaus. In diesem Augenblick traf mit lautem Alarm zum Glück auch schon die Feuerwehr ein. Die Feuerwehrleute überblickten die Lage sofort und begannen im Nu mit den Löscharbeiten. In wenigen Minuten war der Rauch verschwunden.

Sehr erleichtert stand ich mit Minka vor dem Haus. **„Glücklicherweise ist nichts Schlimmeres passiert“, erklärte mir ein Feuerwehrmann. „Nur in der Küche ist die Wand etwas verkohlt. Gut, dass du so schnell reagiert hast.“ „Aber es stimmt ja nicht“, rief ich, „es war Minka, die mich gerettet hat!“ Und Minka, die auf meinem Arm schnurrte, versprach ich: „Dafür hast du dir tatsächlich noch einen extra Nachtisch verdient – aber sicher keinen Pfannkuchen mehr!“**

Test 2

1

Merkmal	Nach-erzählung	Erzählung nach Bildern	Reizwort-geschichte
a Ich muss mich an der Vorlage bzw. den Vorgaben orientieren.	☒	☒	☒
b Hier ist genaues Beobachten ganz wichtig.	☐	☒	☐
c Ich kann mir selbst etwas ausdenken.	☐	☒	☒
d Die handelnden Personen sind mir in der Regel vorgegeben.	☒	☒	☐
e Ich stelle selbst logische Zusammenhänge her.	☐	☒	☒
f Der Ausgang der Geschichte ist festgelegt.	☒	☐	☐
g Die Sprache ist lebendig und anschaulich.	☒	☒	☒
h Ich darf nichts hinzuerfinden.	☒	☐	☐
i Ich sollte wörtliche Rede einbauen.	☐	☒	☒
j Von den drei Erzählformen ist diese die freieste.	☐	☐	☒

2 **a** In Regensburg wurden zur gleichen Zeit die Steinerne Brücke über die Donau und der Dom gebaut. Der Baumeister der Steinernen Brücke war der Lehrling des Dombaumeisters. Sein Wunsch war es seit Langem, den Meister zu übertrumpfen. Da schloss er mit ihm eine Wette ab, wer als Erster mit seinem Bauwerk fertig würde. Als der Dombau aber schneller voranging als der Bau der Steinernen Brücke, wusste der Lehrling nicht mehr aus noch ein und bat den Teufel um Hilfe. Der sagte: „ Ich werde dir gern beistehen, doch als Lohn verlange ich die ersten drei Seelen, die über die Brücke gehen.“ Der Brückenbaumeister war einverstanden, und schon schleppte der Teufel Steine und half auch beim Mauern. Als der Dombaumeister wieder einmal vom Turm seines Bauwerkes herunterblickte, sah er mit Schrecken, wie schnell der Bau der Brücke voranging. So sehr konnte er den Dombau nicht mehr beschleunigen, dass er die Wette gewinnen würde! Tiefe Verzweiflung packte den Meister, als ihm das klar wurde.
So wurde die Brücke als Erstes fertig. Der Lehrling war zufrieden, doch nun verlangte der Teufel seinen Lohn. Der Baumeister erschrak, denn die Eröffnung der Brücke stand unmittelbar bevor. Er dachte: „Es ist üblich, dass der Baumeister und sein Gehilfe als Erste die Brücke betreten. Das heißt, dass uns der Teufel holen wird. Was soll ich nur tun?“
Er überlegte hin und her und schließlich fiel ihm etwas ein. Bei der feierlichen Eröffnung schickte er zuerst einen Hahn, eine Henne und einen Hund über die Brücke. Da wurde der Teufel so zornig, dass er versuchte, die Brücke zu zerstören. Doch die war ja von ihm selbst so solide gebaut, dass es ihm nicht gelingen wollte. Da fuhr er mit ungeheurem

Wutgeheul zurück in die Hölle. Aber ein kleiner Buckel blieb von seinem Zerstörungsversuch in der Brücke zurück und ist bis heute sichtbar.

b Die Sage von der Steinernen Brücke zu Regensburg

Ein Lehrling des Dombaumeisters in Regensburg wettete mit diesem, dass er schneller eine Brücke über die Donau bauen könne als sein Meister den Regensburger Dom. Als er aber nach einiger Zeit merkte, dass der Bau des Doms viel schneller vonstattenging als die eigene Arbeit, schloss der ehemalige Lehrling einen Pakt mit dem Teufel: Der würde ihm helfen, die Brücke fertigzustellen, und im Gegenzug die ersten drei Seelen bekommen, die über die Brücke gehen würden. Dank der Hilfe des Teufels ging es mit dem Brückenbau nun rasch voran und der Dombaumeister musste betrübt einsehen, dass die Wette verloren war.
Nachdem die Brücke fertiggestellt war, forderte der Teufel vom Lehrling die Einlösung des Pakts. Der geriet dadurch in arge Verlegenheit, denn der Tradition nach mussten er und sein Gehilfe als erste Personen über die Brücke schreiten. Seine Seele wäre also an den Teufel verloren. Da hatte der frühere Lehrling eine Idee: Er schickte bei der Eröffnung einen Hahn, eine Henne und einen Hund vor sich über die Brücke.
Aus Wut darüber, dass man ihn überlistet hatte, versuchte der Teufel daraufhin, die Brücke zu zerstören – vergeblich, da das Bauwerk von ihm selbst zu stabil errichtet worden war. Der Sage nach blieb jedoch ein Buckel zurück, der auch heute noch an der Steinernen Brücke zu Regensburg zu sehen ist.

3 **a** *Hinweis: Es ist auch möglich, das erste Bild als letztes einzusetzen.*

b Entwischt!

Es passierte in den letzten Sommerferien. Mama war schon zur Arbeit gefahren. Meine Schwester Caro saß gerade beim Frühstück und ich versorgte unser junges Kätzchen Mimi mit etwas Futter, woraufhin sie sich dankbar an mich schmiegte. Papa war an dem Morgen ziemlich spät dran und deshalb in Eile. Geschwind schnappte er seinen Aktenkoffer, rief uns aus dem Flur „Tschüss“ zu und riss die Haustür auf, um in die Garage zu hasten. In dem Moment schlüpfte unser Kätzchen Mimi ins Freie. Mimi war damals erst ein paar Wochen alt und musste deshalb eigentlich noch im Haus bleiben. In seiner Eile hatte Papa jedoch völlig vergessen, auf sie zu achten.

„Oh nein!“, hörten wir ihn aus dem Flur stöhnen. Da sprangen Caro und ich sofort auf und liefen hinaus, um Mimi wieder einzufangen. Ich hatte große Angst, sie könnte sich draußen verlaufen oder in eine Rauferei mit der Nachbarskatze geraten. „Hierher Mimi!“, lockten wir sie abwechselnd. Aber Mimi dachte wohl, wir wollten mit ihr spielen. Ausgelassen sprang und rollte sie im Garten herum.

Auf einmal jedoch hüpfte das Kätzchen auf unseren kleinen Bollerwagen und von dort aus, ehe wir reagieren konnten, auf die hohe Linde vor dem Haus. Sie schaffte es leicht in die erste Astgabel, die für uns aber unerreichbar weit oben war. Von dort blickte das Tier jetzt auf uns herunter. „Mimiiii!“, rief Caro laut, „Mimi, komm doch runter!“ „Na los, komm zu uns“, stimmte ich ein. Zögerlich streckte das Kätzchen den Kopf vor, zog ihn jedoch gleich wieder ein und begann daraufhin, kläglich zu miauen. Unruhig lief sie auf dem Ast hin und her und wusste offenbar nicht weiter.

„Sie traut sich nicht mehr herunter“, stellte ich hilflos fest. Bedrückt sah ich meine Schwester an: „Und was jetzt? Wir können die Kleine doch nicht da oben lassen!“ „Wir müssen schnell Papa holen“, war schließlich Caros Antwort, während sie auch schon in Richtung Garage rannte. Dort wollte Papa gerade losfahren. Doch wir winkten aufgeregt und riefen: „Papa, warte! Mimi ist auf die Linde geklettert und kommt nicht mehr herunter!“

Seufzend stieg Papa wieder aus dem Auto und sagte: „Na, dann wollen wir ihr mal runterhelfen.“ Er zog seine Jacke aus und legte die Krawatte ab, ehe er sich die Leiter, die in der Garage lagerte, griff. Er stellte sie unter dem Baum auf und stieg hinauf. Als er sich der Astgabel weit genug genähert hatte, streckte er seine Hände nach Mimi aus, doch sie wich ängstlich aus. Wahrscheinlich fürchtete sie, Papa könnte sie fallen lassen. „Wenn ich sie nicht erwische, müssen wir die Feuerwehr rufen“, befürchtete Papa. „Mimi, komm, lass dich doch nehmen.“ „Wir wollen dir doch helfen!“ So lockten wir verzweifelt. Papa streckte und reckte sich, so weit es ging, und endlich – er bekam das Kätzchen, das sich immer noch sträubte, an den Vorderpfoten zu fassen und zog es sachte zu sich herunter. Wieder am Boden legte er sie mir in die Arme und sagte mahnend: „Jetzt aber schnell ins Haus mit ihr! Und passt auf, dass sie nicht mehr hinausläuft.“ Dabei grinsten Caro und ich uns nur an – schließlich war es Papa gewesen, der nicht aufgepasst hatte!

Wir sagten aber nichts, denn wir waren einfach nur erleichtert, dass wir Mimi wiederhatten. Und Mimi war wohl auch froh über die Rettung. Von hohen Gegenständen hielt sie sich jedenfalls eine Weile fern. Tja und Papa, der kam an diesem Tag leider zu spät zur Arbeit, aber zumindest hatte er eine gute Geschichte zu erzählen.

4 **a**

b **Der Osterhase im Straßenverkehr**

Endlich 13 Uhr! Die Schule war aus – Osterferien! Ich stürzte mit 30 anderen Schülern aus dem Schulhaus, schnappte mein Fahrrad und startete nach Hause.

Ach ja, mein Fahrradhelm – den hätte ich ja beinahe vergessen. Ich zurrte den Kinngurt fest, schwang mich in den Sattel und trat in die Pedale. Da sah ich plötzlich auf der Wiese vor dem Schultor ein winziges braunes Häschen sitzen. Es war ungeheuer niedlich, wie es dort in aller Ruhe mümmelte und mit seinem weißen Schwänzchen wackelte. „Ob das der Osterhase ist?“, fragte ich mich, während ich gedankenverloren weiterrollte, das süße Fellbündel immer im Blick. Dabei vergaß ich völlig das Schülergetümmel um mich herum und dummerweise auch, dass ich mitten auf der Hauptstraße war.

So fuhr ich weiter blindlings auf die Kreuzung zu, als ich hinter mir auf einmal Schreie hörte. So etwas wie „Halt!“ oder „Vorsicht! Auto!“, glaube ich. Ich sah mich gerade verwirrt um, da ertönte neben mir ein lautes Hupen. Erschrocken zuckte ich zusammen. Was war das? Während mein Rad noch langsam weiterrollte, quietschte es in meinen Ohren schrill. Direkt vor meinem Vorderrad machte ein Auto eine Vollbremsung. Ich riss den Lenker herum und versuchte auszuweichen – doch zu spät! Schon fiel ich hart auf die Straße.

Mein Kopf brummte, als ich wieder aufstand. Vor mir stand eine Frau mit erschrockenem Gesichtsausdruck, die Fahrerin des Wagens, der direkt vor mir zum Stehen gekommen war. „Geht es dir gut?“, fragte sie besorgt. Ich nickte nur und sie fuhr schuldbewusst fort: „Entschuldige bitte, ich habe mich von dem süßen Häschen dort drüben ablenken lassen und dich dabei total übersehen. Zum Glück hattest du den Helm auf!“

Mir war tatsächlich nichts Schlimmes passiert. Der Frau war es also genauso wie mir ergangen: Wir waren beide unaufmerksam – und schuld war der Osterhase! Am Ende gab sie mir sicherheitshalber ihre Adresse und schenkte mir als „Schmerzensgeld“ noch einen Schokoladen-Osterhasen.

Zu vorhandenen Textteilen erzählen

36

WANN?	in Bad Hindelang/Süddeutschland
WER?	Schüler zieht Handbremse
WO?	am Morgen oder nach Schulschluss
WAS?	Bus stoppt an der Leitplanke
WARUM?	Unfall im letzten Moment verhindert
WIE?	Busfahrer hat Schlaganfall
WELCHE FOLGEN?	zwölfjähriger Junge, Busfahrer, 71 andere Schulkinder

37

a der zwölfjährige Junge (auch möglich: der Busfahrer)

b Schreck, Panik, Mut (Busfahrer: Schreck, Schmerzen, Angst)

c im Film/ bei den Eltern gesehen, aus einem Computerspiel bekannt, einfach den nächstbesten Hebel gezogen ...

38

Schüler verhindert Busunfall – Schreibplan

Die Geistesgegenwart eines Zwölfjährigen hat im süddeutschen Bad Hindelang einen möglicherweise folgenschweren Schulbusunfall verhindert.

Wie die Polizei mitteilte, erlitt der 71-jährige Fahrer des mit 72 Kindern voll besetzten Busses am Steuer vermutlich einen Schlaganfall.	1 **Fahrt im voll besetzten Schulbus** 2 **Busfahrer wird ohnmächtig**
Der Junge, der hinter dem Fahrer saß, zog gerade noch rechtzeitig die Handbremse, ...	3 **Junge zieht die Handbremse** ★
... sodass der Bus an einer Leitplanke zum Stehen kam. Laut Polizei hätte das Fahrzeug wahrscheinlich ohne die Bremsung die Planke überfahren und wäre einen zehn Meter tiefen Abhang hinuntergestürzt.	4 **Sturz in Abhang im letzten Moment verhindert**

★ spannendste Stelle/Höhepunkt

39

- Mein Papa hatte mir doch bei einer Busfahrt mal die Handbremse gezeigt! Wo war sie denn noch? Da! 3
- Ich rüttelte ihn wie wild: „He, Herr Tretter, schlafen Sie? Wachen Sie doch auf!“ 2
- „Hilfe! Hilfe! Wir stürzen den Abhang runter!“, kreischten die anderen. 3

- Heute saß ja wieder der nette pensionierte Busfahrer, Herr Tretter, am Steuer, der manchmal aushalf. 1
- „Gott sei Dank!“ Erleichtert sank ich auf den Sitz. 4
- Panik, Schreie, blasse Gesichter 2
- Ich hörte ein Quietschen und Scheppern und dann endlich stand der Bus still. 4
- „Der Bus ist ja wieder mal proppenvoll“, dachte ich genervt, „hoffentlich sind wir bald zu Hause.“ 1
- Mir rann Angstschweiß übers Gesicht. Was sollte ich bloß machen? 3
- „Was ist denn da los?“, rief meine Sitznachbarin. „Der Busfahrer ist ja halb vom Sitz gerutscht!“ 2
- Lachen und Geschrei, fröhliches Durcheinander 1

40 Einleitung: Unterrichtsschluss – Schüler stürmen in den Schulbus
Schluss: Ich-Erzähler wird für seine mutige Tat geehrt

41 **Rettung in letzter Sekunde**

Einleitung Mitten ins Geschehen	„Puh, war das heut wieder anstrengend in der Schule“, dachte ich, als ich kurz nach 13 Uhr in den Schulbus stieg, um nach Hause zu fahren. Gemeinsam mit mir drängelten sich 71 andere Schüler in das Fahrzeug.
Hauptteil Erzählschritt 1	„Der Bus ist ja wieder mal proppenvoll“, dachte ich genervt, „hoffentlich sind wir bald zu Hause.“ Unter den anderen Kindern war die Stimmung ausgelassen. Im voll besetzten Bus hörte man lautes Johlen und Lachen, Taschen und Schulranzen lagen kreuz und quer. Ich hatte den Platz direkt hinter dem Busfahrer ergattert. Da hatte man während der Fahrt die beste Aussicht. Ah, heute saß ja wieder der nette pensionierte Busfahrer, Herr Tretter, am Steuer, der manchmal aushalf. Er war sehr beliebt, weil er viel Geduld mit uns hatte und nie schimpfte.
Erzählschritt 2	Als alle ihre Plätze eingenommen hatten, fuhren wir los. Es ging die gewohnte Strecke den Schulberg hinunter und an einer steilen Böschung entlang. Weit unten zeichneten sich Häuser ab. Plötzlich riss mich die Stimme von Lilli, meine Sitznachbarin, aus meinen Gedanken. „Was ist denn da los?“, rief sie. „Der Fahrer ist ja halb vom Sitz gerutscht!“ Tatsächlich, Herr Tretter hing schräg zwischen Sitz und Fenster und rührte sich nicht. Der Bus schlingerte ein wenig, fuhr aber noch immer weiter die Straße hinunter. Ich sprang nach vorne und rüttelte den Fahrer wie wild: „He, Herr Tretter, schlafen Sie? Wachen Sie doch auf!“ Nichts. Er war offensichtlich ohnmächtig

	geworden. Als ich mich umsah, blickte ich in blasse Gesichter. Ich sah, wie Panik bei den anderen Kindern aufkam. Ihr Schreien war jetzt alles andere als fröhlich.
Erzählschritt 3 / Spannendste Stelle (Höhepunkt) mit szenischem Präsens	„Hilfe! Hilfe! Wir stürzen den Abhang runter!“, kreischten sie aus Leibeskräften. Auch mich packte die Angst, Schweiß rann mir übers Gesicht. Was sollte ich bloß machen? Der Bus raste inzwischen direkt auf den Abhang zu. Jemand musste ihn sofort zum Stehen bringen! Nur noch 300 Meter, dann würden wir in die Tiefe stürzen. Meine Gedanken wirbelten durcheinander. Mein Papa hatte mir doch bei einer Busfahrt mal die Handbremse gezeigt! Wo ist sie denn nur? Verzweifelt suche ich neben dem Fahrersitz. Da! Ohne lange nachzudenken, greife ich nach dem Hebel und ziehe mit aller Kraft daran. Mit einem Ruck werde ich nach vorne gerissen. Ich höre ohrenbetäubendes Quietschen und Scheppern, Taschen und Jacken fliegen im Bus umher. Dann endlich steht der Bus still.
Erzählschritt 4	Geschafft! Nur wenige Zentimeter trennten uns noch von dem steilen Abhang. „Gott sei Dank!“ Unendlich erleichtert sank ich auf meinen Sitz. Auch von weiter hinten kamen Rufe der Erleichterung. Lilli kramte nach ihrem Handy und rief die Polizei und den Notarztwagen.
Schluss **Klärung der offenen Fragen, Lehre**	Später erfuhren wir, dass Herr Tretter während der Fahrt einen Schlaganfall erlitten hatte. Glücklicherweise ging es ihm jedoch bald wieder besser. Auch von den Kindern wurde niemand ernstlich verletzt. Und stellt euch vor: Ich durfte nach Berlin fahren und wurde vom Bundespräsidenten für meine mutige Tat geehrt! Da sieht man mal, wie gut es ist, hinzuhören, wenn Papa einem etwas beibringt.

42

Text	W-Fragen
An einem kalten, aber schneefreien Dezembertag fuhr ich mit meinen Inline-Skates auf den Weihnachtsmarkt, um ein Geschenk für meine Mutter zu kaufen.	WANN? WO? WARUM?
Ich fuhr an wunderschönen Christbaumkugeln, an dem riesigen Tannenbaum mit den vielen Lichtern und am Bratwurststand vorbei. Ich roch Zimt und gebrannte Mandeln. Vor einer übergroßen Krippe stand ein pummeliger Nikolaus mit einem großen Sack über der Schulter. Durch die Menschenmenge versuchte ich näher an ihn heranzukommen, denn sicher verteilte er leckere Süßigkeiten.	WER?
Urplötzlich riss die in Rot und Weiß gehüllte Gestalt einer älteren Dame die Handtasche von der Schulter und verstaute die Beute blitzschnell in dem Nikolaussack.	WAS?
„Hilfe! Hilfe, man hat mich bestohlen!“, rief die Frau aufgeregt, doch die Passanten achteten kaum auf sie. Währenddessen war der falsche Weihnachtsmann schon dabei, in der Menge zu verschwinden. …	

43 **a** schneefreier Dezembertag *(Z. 1)*

- [ ] Wenn Schnee läge, wären weniger Leute auf dem Weihnachtsmarkt.
- [ ] Im Schneegestöber könnte man den Weihnachtsmann nicht sehen.
- [x] Bei verschneiten Straßen kann man nicht mit Inline-Skates fahren.

b Durch die Menschenmenge versuchte ich näher an ihn heranzukommen … *(Z. 9–11)*

- [x] Aus der Entfernung kann man den Diebstahl nicht sehen.
- [ ] Ist man weit weg, bekommt man keine Süßigkeiten geschenkt.
- [ ] Zwischen den vielen Menschen ist es nicht so kalt.

c … doch die Passanten achteten kaum auf sie. *(Z. 19)*

- [ ] Deshalb muss die alte Frau lauter rufen.
- [x] Deshalb muss der Erzähler/die Erzählerin reagieren.
- [ ] Deshalb muss sich der Dieb sofort entschuldigen.

44

Informationen aus dem Textanfang	Auswirkungen
▪ die Bestohlene ist eine ältere Dame	▪ *das Opfer kann sich nicht selbst helfen bzw. sich nicht wehren*
▪ der falsche Weihnachtsmann will im Gewühl verschwinden	▪ schnelles Handeln ist notwendig
▪ der Ich-Erzähler/die Ich-Erzählerin ist mit Inline-Skates unterwegs	▪ er/sie ist deswegen schneller als zu Fuß
▪ die mögliche Verfolgungsjagd findet auf einem Weihnachtsmarkt mit seinen Buden und Ständen statt	▪ es ist unübersichtlich ▪ vieles kann zu Bruch gehen (z. B. Glühweintassen, Weihnachtsschmuck)

45

Einleitung	Besuch auf dem Weihnachtsmarkt
Hauptteil	
1. Erzählschritt	▪ falscher Weihnachtsmann stiehlt Tasche ▪ Dieb will in der Menge verschwinden
2. Erzählschritt	▪ **Ich-Erzähler(in) beschließt zu helfen** ▪ **Dieb bemerkt Verfolger(in)** ▪ **Verfolgungsjagd beginnt**
3. Erzählschritt (Höhepunkt)	▪ Weihnachtsschmuck geht zu Bruch ▪ Dieb stolpert über herumliegende Scherben

4. Erzählschritt	■ **Polizei macht Dieb dingfest**
Schluss	**Belohnung von der alten Dame**

46

Erzählung	Innere Handlung und wörtliche Rede
Kurzentschlossen nahm ich die Verfolgung auf. Allerdings konnte ich den Dieb in der Menschenmenge bereits kaum mehr sehen, als ich losflitzte. Ich kämpfte mich durchs Gewühl, während die Leute mir begriffsstutzig hinterherstarrten.	„Mit den Skates bin ich schneller als er. Wenn ihn jemand erwischen kann, bin ich das“, dachte ich unerschrocken. Den verdutzten Weihnachtsmarktbesuchern schrie ich verzweifelt zu: „Helft mir, hier ist ein Dieb!“ Vielleicht würde ja jemand die Lage verstehen und die Polizei rufen.

47

Erzählung	passend	unpassend	Begründung
■ Mit meinen krassen Skates konnte ich ihn in null Komma nix schnappen, das checkte ich sofort. Also boxte ich mich gleich übelst durchs Gewühl!	☐	☒	Jugendsprache/ Umgangssprache, Anglizismen
■ „Mit den Skates bin ich schneller als er, wenn ihn jemand erwischen kann, bin ich das“, dachte ich und kämpfte mich durchs Gewühl.	☒	☐	Standardsprache, mittellange Sätze, wörtliche Rede (Gedanken)
■ „Mit den fahrenden Schuhen, so ich an den Füßen trage, kann ich in Windeseile den üblen Schelm erreichen“, versetzte ich, nahm schleunigst die Beine in die Hand und stob durch die Menge.	☐	☒	altertümliche Sprache (Wortschatz)
■ „Ich trage Inline-Skates, mithin bin ich die Person, der es am ehesten möglich sein wird, den Straftäter zu fassen“, sagte ich und trat den Weg durch die in großer Anzahl um die Verkaufsstände sich aufhaltenden Personen an.	☐	☒	komplizierte Behördensprache, sehr langer Satz

48 Da! Aus den Augenwinkeln sehe ich etwas Rot-Weißes und wende mich sofort nach links. „Gleich hab ich dich, du Übeltäter!“, denke ich noch, als der Weihnachtsmann im vollen Lauf gegen einen Stand mit Christbaumschmuck und Weihnachtskugeln rumpelt. Es klirrt und scheppert und kracht. Schon liegen die vielen schönen und zerbrechlichen Dekorationen zerstört am Boden. „Zum Glück bin ich mit den Inlinern wendig genug, um außen herum zu fahren“, schießt es mir durch den Kopf, während ich geschickt dem Chaos ausweiche. Der Dieb scheint dasselbe zu denken, sieht sich gehetzt um und will rasch weiter-

laufen. Aber da stolpert er über den überall am Boden verteilten Weihnachtsschmuck. Rücklings landet er mitten in einem bunt glitzernden Scherbenhaufen. Geschafft!

49

- Der Nikolaus – ein Heiliger? ➡ *gut möglich: macht neugierig, Leser will die Antwort wissen*
- **Chaos auf dem Weihnachtsmarkt** ➡ *sehr gut: treffend zum Handlungsverlauf, Leser will wissen, warum es Chaos gibt*
- Weihnachtsmann klaut Tasche ➡ *eher nicht geeignet: verrät zu viel von der Handlung im Voraus*
- Der diebische Nikolaus ➡ *gut möglich: „diebisch“ passt eigentlich nicht zu Nikolaus, macht neugierig*
- Rettung in letzter Sekunde ➡ *eher nicht geeignet: zu allgemein, könnte zu vielem passen*
- Die mutige Lena ➡ *eher nicht geeignet: zu allgemein, könnte zu vielem passen, langweilig*

Test 3

1

Kind bricht ins Eis ein

Freiberg (bw). Einer beherzten Schülerin hat der kleine Lukas A. wahrscheinlich sein Leben zu verdanken.

Lukas (6), der die erste Klasse der Bismarck-Grundschule besucht, war am gestrigen Mittwoch zusammen mit 21 Klassenkameraden und in Begleitung der Lehrerin Luise K. zu einer Wanderung am Weiher im Luisenpark.

Nachmittags entfernte sich der Junge von der Gruppe und betrat den zugefrorenen Weiher. Das Verbotsschild, das von der Stadt dort aufgestellt worden war, konnte der Junge nicht lesen.

Aufgrund der milden Temperaturen der letzten Tage war das Eis des Weihers jedoch sehr dünn und kaum tragfähig. Etwa 20 Meter vom Ufer entfernt brach er deshalb ins Eis ein und konnte sich nicht mehr selbstständig aus dem Wasserloch befreien.

Seine Schreie hörte Sina L. (15), die sich zufällig am Ufer befand.

Die Achtklässlerin robbte auf dem Bauch über auf das Eis und es gelang ihr, den Jungen aus dem Wasser zu ziehen.

Die Grundschullehrerin, die mittlerweile aufmerksam geworden war, rief per Handy den Notarzt, der bei Lukas einen Schock und leichte Erfrierungen feststellte. Bleibende Schäden trug der Junge aber nicht davon.

Mit einer Belohnung, die nicht näher bekannt ist, haben sich Lukas' Eltern bei der mutigen Schülerin Sina L. bedankt.

Zusammenfassung

- *(Einleitungssatz der Zeitungsmeldung)*
- Lukas und seine Klasse machen am Wandertag einen Ausflug in den Park.
- Lukas entfernt sich von der Gruppe und betritt den zugefrorenen Weiher.
- Lukas bricht ins Eis ein.
- Sina hört die Hilfeschreie von Lukas.
- Sina rettet Lukas.
- Die Lehrerin holt den Notarzt – Lukas wird behandelt.
- Sina erhält eine Belohnung.

2

- Mein Herzschlag beschleunigte sich. Hektisch sah ich mich um, doch niemand war zu sehen. „Es kommt jetzt auf dich an!", sagte ich mir, während ich mich vorsichtig aufs Eis begab. 2
- Da blitzte etwas Rotes im Wasser auf. Ich streckte mich noch einmal, so weit ich konnte – und bekam ein Stück Stoff zu fassen. Mit aller Kraft, die ich noch hatte, zog ich daran. Ich keuchte vor Anstrengung, während langsam der Körper des Jungen an der Oberfläche erschien. 7
- „Wenn du jetzt auch einbrichst, ist alles vorbei", schoss es mir durch den Kopf. Ich blickte nach vorn. Immer noch 20 Meter. Das Loch im Eis schien einfach nicht näher zu kommen. 4
- Gedankenverloren betrachtete ich den See. Plötzlich blieb mein Blick an etwas hängen. Ich blinzelte ungläubig. War das ein Arm, der dort aus dem Eis herausragte? Kein Zweifel, da war ein Mensch im Weiher! 1
- Nichts. Da war nichts! Mir stockte der Atem. Panisch streckte ich auch den zweiten Arm ins eisige Wasser. Wo ist das Kind nur hin? Ich ruderte in alle Richtungen und verlor dabei das Gleichgewicht. „Nein!" Im letzten Moment schaffte ich es, mich wieder ein Stück zurück aufs Eis zu ziehen. 6
- Ich zitterte am ganzen Körper vor Kälte und Angst. Endlich, nach einer gefühlten Ewigkeit berührten meine tauben Finger die Kanten des Eislochs. Ich machte mich ganz lang und streckte meinen Arm ins Wasser. Die Kälte traf meine Haut wie Nadelstiche. 5
- „Wie kann so ein kleiner Körper so schwer sein?", fragte ich mich verzweifelt. Mit aller Kraft, die ich noch aufbringen konnte, und mit einem letzten Ruck hievte ich den Jungen endlich aufs Eis. Bewegungsunfähig blieb ich neben ihm liegen und schloss die Augen. 8
- Bäuchlings robbte ich langsam vorwärts. „Vorsichtig!" und „Du schaffst das!", sprach ich mir in Gedanken Mut zu. Die dünne Eisdecke unter mir knackte und knirschte bedrohlich. 3

3

Kleider machen Räuber

... Fast wie eine – Pistole.

„So ein Quatsch", sagte ich zu mir selbst. „Im Halbdunkel kann man sich leicht täuschen." Denn Ende Oktober wird es schon früh Nacht. So dachte ich nicht weiter über den seltsamen Begleiter nach, während wir auf Beutezug gingen. Mit unseren schreckenerregenden Kostümen sammelten wir an einigen Häusern in der Nachbarschaft Süßigkeiten ein und entfernten uns dabei immer weiter aus unserem Wohngebiet. Inzwischen war es völlig dunkel geworden und ich fühlte mich etwas unwohl, weil ich mich in der Gegend nicht mehr gut auskannte. In einer von wenigen Straßenlampen nur spärlich beleuchteten Straße klingelten wir schließlich an einem stattlichen Haus. Eine vornehme Dame öffnete uns die Tür. „Süßes oder Saures!", brüllten wir aus Leibeskräften. In diesem Moment drängte sich das fremde Gespenst plötzlich nach vorne und zog blitzschnell eine Pistole unter der Verkleidung hervor. „Geld her, aber schnell!", schrie es die Frau an. Leichenblass und am ganzen Leib zitternd holte die Frau ihren Geldbeutel und weitere Scheine und warf sie nach einer stummen Geste des Gespensts in die Tasche des Räubers. Der drehte sich sofort um und ergriff die Flucht.

Wir anderen waren wie gebannt stehen geblieben und hatten das Geschehen fassungslos verfolgt. Es war alles so schnell gegangen, dass wir uns kaum von unserem Schock erholt hatten, als der Fremde schon die Straße hinunterrannte. Aber jetzt musste etwas geschehen! Ohne lang zu überlegen, rannte ich los, dem Gespenst hinterher. Dank seiner weißen Verkleidung war es im Dunklen relativ gut zu sehen. Der Verbrecher hatte zwar an die Gesichtsmaske gedacht, aber alles hatte er doch nicht richtig gemacht …

Das Gespenst war nicht besonders schnell, aber sehr wendig und so gewann es bald einen größeren Vorsprung; ich lief, so schnell ich konnte, doch es entfernte sich immer weiter von mir. Gerade schlug der Geist wieder einen Haken wie ein Hase, da geschah es: Seine Beine verfingen sich in dem flatternden weißen Gewand, er kam ins Straucheln, stolperte noch ein paar Schritte weiter – und fiel dann der Länge nach zu Boden. Noch bevor er sich wieder aufraffen konnte, rief eine tiefe Stimme hinter mir: „Halt! Stehen bleiben! Polizei!", und zwei Polizisten erschienen auf der Bildfläche. Schnell packten sie den Räuber und legten ihm Handschellen an.

Ich war sehr froh über ihr Erscheinen, denn selbst wenn ich den Täter eingeholt hätte, hätte ich ihn wohl kaum überwältigen können. Später erfuhr ich, dass einer meiner Freunde mit seinem Handy die Polizei verständigt hatte. Die bestohlene Frau, die ihr Geld wieder zurückbekam, war uns sehr dankbar für unseren Einsatz und belohnte uns fürstlich. Womit, das bleibt unser großes Geistergeheimnis.

Nach literarischen Mustern erzählen

50 Eines Tages wurde in Schilda das Salz knapp und die Händler hatten keines zu verkaufen. „In Salzburg ist Krieg“, erklärten sie. „Wir müssen warten, bis der Krieg vorüber ist.“ Das missfiel den Schildbürgern. Denn Butterbrot ohne Salz, Kartoffeln ohne Salz und Suppen ohne Salz schmeckten ihnen und ihren Kindern überhaupt nicht.

P *In Schilda geht das Salz aus.*

Deshalb beratschlagten sie, was geschehen solle. Und weil ihr Rathaus helle Fenster hatte, fiel ihnen auch gleich etwas Pfiffiges ein. „Da der Zucker auf Feldern wächst“, meinte einer, „ist es wohl mit dem Salz nicht anders. Wir brauchen deshalb auf dem Gemeindeacker, der noch brach liegt, nur Salz auszusäen.“

So geschah es. Sie streuten die Hälfte ihres Salzvorrates auf den Acker, stellten Wachposten an den Rändern des Feldes auf, für den Fall, dass die Vögel das Salz würden stehlen wollen, und warteten ab. Schon nach ein paar Wochen grünte der Acker. Das Salzkraut schoss nur so in die Höhe. Aber die Vögel blieben zum Glück aus. Die Schildbürger rechneten schon nach, wie viel Salz sie ernten würden. „Hundert Zentner“, meinten sie, „können wir vermutlich sogar exportieren.“

I *Salz wird auf den Feldern ausgesät und wächst.*

Doch da kamen die Kühe und Ziegen aus dem Nachbardorf. Sie trampelten in dem herrlich wachsenden Salzkraut herum. Die Schildbürger wussten sich wieder einmal keinen Rat. Bis der Hufschmied eine Haselnussgerte von einem Strauch losriss und auf das Feld stürzen wollte, um die Tiere zu verjagen. „Bist du verrückt?“, schrie der Bäcker. „Willst du auch noch unser Kraut niedertrampeln?“ Und sie stürzten sich auf den Schmied und hielten ihn fest. Da rief er: „Wie soll ich denn das Vieh vertreiben, wenn ich nicht ins Feld laufen darf?“

N *Der Hufschmied will das Vieh, das die Pflanzen zertrampelt, vertreiben, würde dabei aber selbst noch mehr zerstören.*

„Ich weiß“, sagte der Schulmeister. „Du setzt dich auf ein Brett. Vier von uns heben dich mit dem Brett hoch. Und dann tragen wir dich auf das Feld. Auf diese Weise wirst du kein einziges Hälmchen zertreten.“ Alle waren von dem Vorschlag begeistert. Man trug zu viert den Schmied über den Acker, und er verjagte das fremde Vieh, ohne dem Salzkraut ein Haar zu krümmen.

L *Der Hufschmied wird von vier Männern über den Acker getragen.*

Eine Woche später gerieten ein paar Kinder beim Spielen ins Salzkraut hinein. Sie waren barfüßig und sprangen schreiend wieder heraus und rannten nach Hause. „Es beißt schon!“, riefen sie aufgeregt und zeigten den Eltern ihre Füße und Waden. Überall hatten sie rote Flecken, und es brannte fürchterlich.

„Das Salz ist reif!“, rief der Schweinehirt. „Auf zur Ernte!“ Die Schildbürger ließen ihre Arbeit stehen und liegen und fuhren mit Sicheln, Sensen und Dreschflegeln zum Gemeindeacker.

S *Das Salz ist reif, es soll geerntet werden.*

Das Salzkraut biss ihnen in die Beine. Es zerkratzte ihnen die bloßen Arme. Sie bekamen rotgeschwollene Hände. Tränen rollten ihnen über die Backen. Und es dauerte nicht lange, so warfen sie die Sicheln und Sensen fort, sprangen weinend aus dem Acker, fuchtelten mit den brennenden Armen, Händen und Beinen im Wind und fuhren zur Stadt zurück. „Nun?", fragten die Frauen, „habt ihr das Salz schon abgeerntet?" Die Männer steckten die Hände und Füße ins kalte Wasser und sagten: „Nein. Es hat keinen Zweck. Das Salz ist uns zu salzig."

E „Salzkraut" zerkratzt den Schildbürgern die Haut und sie geben schließlich auf.

Ihr wisst natürlich längst, was da auf dem Felde gewachsen war und so beißen konnte. Es waren Brennnesseln. Ihr wisst es, und ich weiß es. Wir sind ja auch viel gescheiter, als es die Schildbürger waren.

A Schildbürger haben Brennnesseln statt Salz angepflanzt.

Erich Kästner: Werke, Bd. 9: Maskenspiele. Nacherzählungen. Hrsg. von Gräfin Sybil Schönfeldt. Atrium Verlag 1998 (aus didaktischen Gründen leicht verändert und gekürzt)

51 ältere sprachliche Wendungen:
- „Schulmeister" (statt „Lehrer", *Z. 40*)
- alte Maße, z. B. „Zentner" *(Z. 25)*

Figuren:
- Hufschmied, Bäcker, Schulmeister *(vgl. Z. 31, 34, 40)*

Komik für den Leser wegen der Dummheit der Schildbürger:
- Leser weiß, dass Salz kein Samen ist, den man anpflanzen kann
- Leser ahnt, dass das Salzkraut auch die Erwachsenen „beißen" wird, nachdem das schon den Kindern passiert ist

falsche Lehre(n) der Schildbürger:
- statt einer Person laufen vier (die Träger) über den Acker, um ihn zu „schonen"
- als das „Salzkraut" beißt, denken sie, es ist reif

Schlusspointe:
- die Schildbürger haben in Wahrheit Brennnesseln angepflanzt

52
- In den Kornspeichern gibt es viele Mäuse, und die Schildbürger haben gehört, dass man Mäuse melken kann. 2
- Nach langer Zeit sind endlich doch genügend Mäuse da und die Schildbürger wollen mit dem Melken beginnen. 5
- Mäuse werden nun mit bloßen Händen gefangen, allerdings ist die Ausbeute gering. 4
- Die Schildbürger brauchen Milch, aber alle Kühe sind von Soldaten mitgenommen worden. 1
- Die Schildbürger sehen den Misserfolg ein, hoffen aber, dass die Mäuse, wenn sie weiter viel Korn aus den Kornspeichern fressen, später einmal richtig Milch geben. 7

- Mäuse müssen gefangen werden, Mausefallen werden aufgestellt, aber die gefangenen Mäuse sind tot und können nicht mehr gemolken werden. **3**
- Die Schildbürger finden keine Euter zum Melken und lassen die Mäuse schließlich wieder frei. **6**

53 Einmal ging in Schilda die Milch aus. Es herrschte nämlich Krieg und fremde Soldaten zogen durchs Land. Weil sie ihre Pferde bereits verloren hatten und neues Vieh brauchten, das ihre Karren zog, nahmen sie aus Schilda alle Kühe mit. So hatten sie auch Proviant für ihren Weg. Doch den Schildbürgern, die ohne Kühe zurückblieben, gefiel das gar nicht. Denn ohne Milch konnten sie keine Butter und keinen Käse mehr machen. Die Kinder hatten keine Milch zu trinken und auch Kuchen gab es nicht mehr in Schilda. Und so berieten die Schildbürger lange, was zu tun sei.

54

Erzählschritt 2	Verbesserungen
Irgendwann sagte ein besonderer Checker unter den Schildbürgern, der schon auf dem Salzacker superviele Pflanzen geerntet hatte: „Kürzlich ist ein Tourist hier vorbeigekommen. Der hat bei uns an der Frittenbude keine Butter und keinen Käse bekommen, und da war er total angefressen und hat gleich losgetextet: ‚Das ist ja zum Mäusemelken!' " „Aber das war kein Vollhorst!", riefen da die anderen Schildbürger. „Er hat recht! Wenn wir keine Kühe haben, die uns Milch geben, müssen wir eben Mäuse melken!" Gerade zu dieser Zeit gab es in den Kornspeichern Schil-	ein **besonders pfiffiger** Schildbürger **sehr viele**/**zahlreiche** Pflanzen ein **Fremder**/ein **Wanderer** bei uns **im Wirtshaus** war er **sehr verärgert**/**wütend** hat gleich **gerufen** „Das war kein **Narr**/**Dummkopf**!"
das krass viele Mäuse, und so fanden die Schildbürger diese Idee sofort mega.	**besonders**/**sehr viele** Mäuse und so **stieß** diese Idee **auf große Begeisterung**/fanden die Schildbürger diese Idee **spitze**/**genial**

55 Sie beratschlagten lange und überlegten, wie sie die Mäuse am besten fangen könnten. Schließlich einigten sie sich darauf, Mausefallen aufzustellen. „Diese Mausefallen waren uns auch schon früher sehr nützlich", waren sie sich einig. „Genau", erinnerte sich die Schneidersfrau, „zum Beispiel damals, als wir Mäuse brauchten, damit unseren Katzen nicht langweilig wird." Also war es beschlossen. Umgehend stellten die Schildbürger sämtliche Fallen, die sie finden konnten, in den Kornspeichern von Schilda auf und warteten. Ein erster Erfolg stellte sich bald ein und innerhalb kürzester Zeit waren zahlreiche Mäuse gefangen. Doch als die Bürger mit dem Melken beginnen wollten, rief einer von ihnen aus:

„Aber diese Maus gibt ja gar keine Milch, sie ist mausetot!“ Und zu ihrem Entsetzen mussten die Schildbürger feststellen, dass die Mäuse in den Fallen alle tot waren.

„Was nun?“, fragen sich die verzweifelten Menschen aus Schilda. „Wie können wir die Mäuse lebend fangen?“ Nach langem Hin und Her machte der Schmied einen Vorschlag: „Wir müssen sie mit den Händen fangen, so bleiben die Tiere am Leben.“ Schon stürmte ganz Schilda in Richtung der Kornspeicher. Alle wollten mithelfen und die meisten Mäuse fangen. Auf der Jagd nach den kleinen Tieren rannten die Schildbürger ziellos durch die Speicher, sie trampelten über das Korn und stolperten übereinander. Als am Ende des anstrengenden Tages alle erschöpft zusammenkamen, um die Ausbeute zu sichten, stellte ein aufgewecktes Mädchen fest: „Aber das sind ja nur acht gefangene Mäuse!“ Das war natürlich viel zu wenig, um die ganze Stadt mit Milch zu versorgen.

Wieder war es der Schmied, der eine Lösung für das Problem vorschlug: „Wir dürfen uns nicht gegenseitig im Weg stehen, sondern müssen uns abwechseln! Morgen machen wir es so: Immer zehn Mann treiben in den Kornspeichern die Mäuse in eine Ecke, dort warten vier andere und stürzen sich dann auf die Tiere.“ Am nächsten Tag wurde es genau so gemacht. In dem wilden Treiben zog sich so mancher der Männer eine Beule oder einen blauen Fleck zu. Doch schließlich war es geschafft: Die Schildbürger hatten an diesem Tag 200 lebende Mäuse gefangen!

Also rief man die fleißigen Schildbürgerinnen herbei, die früher immer die Kühe von Schilda gemolken hatten. Die Frauen nahmen auf ihren Melkschemeln Platz, griffen nach den Mäusen, die die Schildbürger in Körben untergebracht hatten, und wollten mit dem Mäusemelken beginnen. „Ja, aber …!“, rief eine der Frauen ertaunt. „Was ist denn das?“ Sie drehte und wendete die kleine Maus, untersuchte sie von oben und unten, von links und von rechts. Schließlich gab sie auf und verkündete ratlos: „Ihr habt uns Mäuse ohne Euter gefangen!“ So sahen sie sich außerstande, die Mäuse zu melken. Als sich dies herumsprach, machte sich Unruhe breit unter den Bewohnern Schildas. „Es hilft alles Jammern nichts“, mahnte der Bürgermeister schließlich zur Ruhe, „wir müssen die Mäuse wieder freilassen.“

56 Nachdem die Schildbürger auf diese Weise vergeblich **versucht hatten**, Mäuse zu **melken**, mussten sie also weiter Wasser **trinken**. „Nun“, **sprach**/**sagte**/**tönte** schließlich der

56 Bürgermeister, der immer noch der klügste unter den Schildbürgern war, „ihr **seht**/**wisst**/**merkt** ja, dass die Tiere einfach noch zu klein und mickrig sind, um richtig Milch zu **geben**. Wir müssen sie zu Kräften **kommen** lassen und sie **mästen**/**füttern**. Am besten **bringen**/**setzen** wir sie wieder in die Kornspeicher zurück, da können sie sich fettfressen. Dann **fangen** wir sie noch einmal und bekommen die gute Milch, die wir **brauchen**/**mögen**.“ Und genau so **machten** es die braven, dummen Schildbürger!

57

Märchen-Merkmale	trifft zu	trifft nicht zu	Beispiel/Beleg
▪ Raum- und Zeitlosigkeit	☒	☐	keine konkrete Zeit- oder Ortsangabe („Es war einmal …“)
▪ Fabelwesen	☒	☐	alte Frau im Wald: Hexe/ Hellseherin?

Märchen-Merkmale	trifft zu	trifft nicht zu	Beispiel/Beleg
Wunderbare Begebenheiten und magische Gegenstände	X		Zaubertopf, Dorf wird unter Brei begraben, Menschen müssen sich durchessen
Bewährung des Helden/der Heldin	X		das Mädchen lebt in Armut und Hunger, am Ende rettet sie das Dorf
Typische Figuren	X		keine Namen, wenige Eigenschaften: ein armes, frommes Mädchen, seine Mutter, eine alte Frau
Gegensätze	X		alt – jung, Armut – Überfluss
Typische Schauplätze	X		Wald
Magische Zahlen		X	–
Sprachliche Kennzeichen	X		„Es war einmal …", „Töpfchen, koche – Töpfchen, steh"
Happy End	X		das Mädchen kehrt in letzter Minute heim und sagt den Zauberspruch

58

	M	F		M	F
Prinzessin	X	X	Goldenes Schwert	X	X
Fee	X	X	Einhorn	X	X
Roboter		X	Spindel	X	
Hobbit		X	Heiliger Gral		X
Müllerbursche	X		Schloss	X	X
Raumschiff		X	Böse Stiefmutter	X	
Geist		X	Laserschwert		X

59 Vor Zeiten lebten auf der Burg Camelot König Ranor und Königin Ragna, die sprachen jeden Tag: „Ach, wenn wir doch ein Kind hätten!" und kriegten doch keines. Da trug es sich zu, als Ragna einmal im Garten saß, dass sie am Himmel ein seltsames Flugobjekt wahrnahm. Es landete und heraus kamen drei furchterregende Gestalten mit roten Augen, blauen Zungen und schillernden Anzügen, wie sie sie noch nie gesehen hatte. Erschrocken schrie die Königin auf und wollte fliehen. Die Außerirdischen aber machten sie mit ihren Freeze-Schwertern unbeweglich und so hörte die unglückliche Königin, was die fremdartigen Wesen sagten: „Dein Wunsch wird erfüllt werden. Ehe ein Jahr vergeht, wirst du eine Tochter zur Welt bringen." Dann verschwand das Ufo schnell und lautlos wieder am Himmel.
Was die Außerirdischen gesagt hatten, das trat ein, und die Königin gebar ein Mädchen, das war so schön, dass König Ranor vor Freude nicht an sich halten konnte und ein großes Fest anstellte. Er lud nicht bloß Verwandte und Freunde, Druiden und Trolle, sondern auch die

weisen Frauen des Königreichs dazu ein, damit sie dem Kinde hold und gewogen wären. Es waren ihrer dreizehn in seinem Reiche, weil er aber nur zwölf goldene Teller hatte, von welchen sie essen sollten, so musste eine von ihnen den Feierlichkeiten fernbleiben.
Das Fest ward mit aller Pracht gefeiert, und als es zu Ende war, beschenkten die weisen Frauen das Kind mit ihren Wundergaben: die eine mit Tugend, die andere mit Schönheit, die dritte mit Reichtum, und so mit allem, was auf der Welt zu wünschen ist. Als elf ihre Sprüche getan hatten, trat plötzlich die dreizehnte herein. Kitira war groß gewachsen, in wallende schwarze Tücher gekleidet und ihre bernsteinfarbenen Augen strahlten teuflisch. Als Verkörperung der dunklen Macht stand sie da und wollte sich dafür rächen, dass sie nicht eingeladen worden war. Ohne jemanden außer das Kind in der Wiege nur anzusehen, rief sie mit lauter Stimme: „Die Königstochter soll sich in ihrem fünfzehnten Jahr an einer Spindel stechen und tot hinfallen." Und ohne ein Wort weiter zu sprechen, wandte sie sich um und jagte auf ihrem weißen Werwolf Skar davon.
Alle Gäste waren starr vor Schreck. Da trat die zwölfte der weisen Frauen hervor, die ihren Wunsch für das Königskind noch nicht ausgesprochen hatte. Sie beugte sich hinab zu einem kleinen goldfarbenen Roboter mit blinkender Antenne. Auf eine leichte Berührung hin äußerte die kleine Blechgestalt: „Es soll kein Tod sein, sondern ein hundertjähriger tiefer Schlaf, in welchen die Königstochter versinkt." ...

Nach langen Jahren kam wieder einmal ein Königssohn in das Land: Es war Prinz Lancelot aus Avalon. Er hörte, wie ein alter Mann im Dorf Hogenwarts von der riesigen Dornenhecke erzählte. Sie umranke ein Schloss, in welchem eine wunderschöne Königstochter, Dornröschen genannt, schon seit hundert Jahren schliefe, und mit ihr der König, die Königin und der ganze Hofstaat. Er wusste auch, dass bereits viele Königssöhne gekommen waren und versucht hatten, durch die Dornenhecke zu dringen. Alle aber seien sie darin hängen geblieben und eines traurigen Todes gestorben, da ihre Fähigkeit, zu teleportieren, durch die Schlingen der Pflanze außer Kraft gesetzt worden war. Da dachte Lancelot: „Ich fürchte mich nicht. Ich will hin und das schöne Dornröschen sehen." Lange stand er mit seinem Raketenrucksack auf dem Hügel gegenüber dem Schloss. Er setzte seinen blitzenden Helm auf, riss das Laserschwert aus der Scheide und schoss tollkühn auf die undurchdringliche Dornenhecke zu. Nun waren aber gerade die hundert Jahre verflossen, und der Tag war gekommen, an dem Dornröschen wieder erwachen sollte. Als Lancelot sich der Dornenhecke näherte, verwandelte sie sich in große, schöne Blumen, die sich vor ihm auftaten und ihn passieren ließen. ...

Diese Elemente kannst du finden:

- **Nennen konkreter Orte:** Burg Camelot *(Z. 1)*, Avalon, Hogenwarts *(Z. 36)*
- **Figuren haben Namen:** Ranor, Ragna *(Z. 1)*, Lancelot *(Z. 36)*, Kitira *(Z. 22)*, Skar *(Z. 28)*
- **Science-Fiction-Figuren:** Außerirdische *(Z. 4/5, 7, 11)*, Roboter *(Z. 31)*
- **Science-Fiction-Gegenstände und -Vorgänge:** Ufo *(Z. 3/4, 10)*, Freeze-Schwerter *(Z. 7)*, teleportieren *(Z. 42)*, Raketenrucksack *(Z. 44)*, Laserschwert *(Z. 46)*
- **für Märchen unübliche, detaillierte Figurenbeschreibungen:** Außerirdische *(Z. 4/5)*, dreizehnte weise Frau *(Z. 22/23)*
- **Fantasyfiguren/im Märchen unübliche Fabelwesen:** Druiden und Trolle *(Z. 13/14)*, Verkörperung der dunklen Macht *(Z. 23)*, Werwolf *(Z. 28)*

60 *Anfang einer Fantasygeschichte mit unvermitteltem Einstieg:*

Regen prasselte auf Gorims blankpolierten Helm und sammelte sich in den Zöpfen seines dichten, roten Bartes, als er durch die morastigen Gassen Hohenfelds stapfte. Er wusste, warum er die Menschenstädte normalerweise mied. Kein Zwerg würde auf die Idee kommen, seinen Nachttopf einfach auf die Straße zu entleeren. Kaum zu glauben, dass dieses stinkende Loch eine der reichsten Städte des gesamten Ostmärkischen Reiches sein sollte. „He! Passt doch auf!“, fluchte Gorim, während er gerade noch einem riesigen, haarigen Huf auswich. „Ungeschickte Zentauren“, brummte er in seinen Bart und sah dem enormen Wesen, das halb Mensch, halb Pferd war, verärgert hinterher. Immer wieder aufs Neue verfluchte der Zwerg aus den goldenen Bergen den Moment, als er sich in einem Augenblick des Übermuts freiwillig für den Auftrag König Agonds gemeldet hatte. Keineswegs fröhlich legte er seine kräftige, behandschuhte Hand auf die Türklinke des schäbigen Gasthauses „Zum fröhlichen Gesellen“. Er blinzelte den Regen aus seinen Augen und betrat die lärmende Gaststube. …

Test 4

1 **S** = Schildbürgergeschichte, **M** = Märchen, **F** = Fantasygeschichte

Erzählung	S	M	F
a Es war einmal ein reicher König, der wohnte mit seinen drei wunderschönen Töchtern in einem prächtigen Schloss.	☐	☒	☐
b Die Familie lebte vor vier Jahrhunderten in Finstererde, einem dunklen Land, das von brodelnden Vulkanen, flüsternden Sümpfen und schwarzen Flüssen durchzogen war.	☐	☐	☒
c Der eigentliche Herr am Königshof jedoch war der Zauberer Morlin. Er hatte die älteste Tochter des Königs mithilfe eines Liebestranks an sich gebunden. So hoffte er, eines Tages selbst König zu werden.	☐	☒	☐
d Ein besonders pfiffiger Untertan kam auf die Idee, den Zauberer mit seinen eigenen Waffen zu schlagen. Er schlug dem Stadtrat vor, selbst einen Zaubertrank zu brauen.	☒	☐	☐
e „Ein guter Einfall!“, rief der Bürgermeister. Also schlich sich der Bursche zusammen mit vier Kameraden ins Schloss, um die Zutaten des Liebestranks herauszufinden. Aus dem Kessel des Zauberers füllten sie das Gebräu in ihre mitgebrachten Stoffsäckchen.	☒	☐	☐
f Als Morlin sah, dass er bestohlen worden war, wurde er sehr zornig und beauftragte Eisenhart, den Ritter der Finsternis, die Diebe zu suchen und sie zu bestrafen. Dieser schwang sich mit seiner Feuerlanze sogleich auf sein geflügeltes Pferd und erhob sich in den schwarzen Himmel.	☐	☐	☒
g Nichts ahnend waren die fünf Burschen in die Stadt zurückgekehrt. Empört stellten sie dort fest, dass unterwegs jemand den Trank aus ihren Säcken gestohlen haben musste. Denn nur ein paar Tropfen waren darin übrig geblieben.	☒	☐	☐
h Zum Brauen des geheimnisvollen Tranks benutzte der Zauberer gemeinhin sieben Kräuter. Sechs davon trug er stets bei sich. Doch das siebte Kraut fehlte ihm, man fand es nur im dunklen Wald hinter dem Schloss. In diesem Wald aber lebte die böse Hexe Moira.	☐	☒	☐
i Das gesuchte siebte Kraut wuchs nur in Moiras verzaubertem Garten. Doch dies war ein gefährlicher Ort: Der Eingang wurde von zwei abscheulichen Orks bewacht. Dahinter verbreitete ein grässliches Wesen – halb Schlange, halb Drache – sein Gift. Zudem fand sich im Inneren eine riesenhafte fleischfressende Pflanze, die sich mit ruckartigen Bewegungen auf ihre Beute stürzte.	☐	☐	☒
j Aufhalten konnte das bedrohliche Gewächs nur, wer die magischen Worte kannte und sie drei Mal wiederholte: „Dunkel und Licht – rühr dich nicht!“	☐	☒	☐
k In der Zwischenzeit überlegten die Untertanen in der Stadt, wie sie mit dem verbliebenen Rest die Zutaten des Liebestrankes herausfinden konnten. Der Sohn des Schulmeisters tat sich hervor: „Ganz einfach! Wir müssen den Trank probieren, dann wissen wir, was drin ist.“	☒	☐	☐

2 a *Individuelle Lösungen*

b

Märchen-Merkmal	Mein Märchen
Raum- und Zeitlosigkeit/ Schauplatz	irgendwann einmal, verwunschener Wald, (Königsschloss)
Held/Heldin	Königssohn (jüngster von drei Brüdern) und (scheinbarer) Dummkopf
Feind/Feindin	Fabelwesen: Schatten
Bewährung des Helden	Held muss seinen Vater und seine Brüder retten
Fabelwesen	sprechendes Tier: Haselmaus
Übernatürliche Vorgänge, magische Requisiten	Übernatürliches: Verwandlung von Mensch zu Tier Magische Requisiten: gläserne Laterne
Gegensätze	klug – dumm
Sieg des Guten, Bestrafung des Bösen	Rettung, Hochzeit, Vertreibung des Schattens

c **Magische Zahlen:** drei (Brüder), sieben (Auszug am siebten Tag)
Sprachliche Wendung: Spruch „Flamme renne, Lichtlein brenne, auf dass er mich nicht erkenne." (zum Entzünden der magischen Laterne)

d *Hinweis: Dein eigenes Märchen muss nicht so lang sein wie das folgende Musterbeispiel.*

Es waren einmal drei Königssöhne, die ungleicher nicht hätten sein können. Der älteste war groß und stark, der zweite war schön und beliebt. Der jüngste jedoch war weder das eine noch das andere. Alle hielten ihn für dumm und ängstlich, denn er sprach wenig, stolperte ständig über seine Füße und blieb für sich allein. Die beiden älteren Brüder belächelten den kleinsten daher.

Eines Tages ging der König mit seinem Gefolge auf die Jagd. Seine beiden älteren Söhne begleiteten ihn, denn sie galten als geschickte und mutige Jäger. Der Dummling aber sollte zusammen mit den Frauen und Kindern im Schloss bleiben.

So geschah es, dass die Jagd immer wilder wurde und der König und seine Söhne einem mächtigen Keiler immer tiefer in einen verwunschenen Wald folgten. Die Menschen mieden das Waldstück, da es hieß, dass darin ein böser Schatten hauste. Nie war jemand daraus zurückgekehrt, der nach Sonnenuntergang noch unter den Bäumen verweilte. Einzig auf die Jagd konzentriert gerieten die drei königlichen Jäger jedoch immer weiter in das verzauberte Gehölz hinein. An einer besonders unübersichtlichen Stelle schließlich verschwanden sie im Dickicht. Die Jagdgesellschaft, die den König und seine Söhne aus den Augen verloren hatte, war verzweifelt. Sie riefen nach den Vermissten und suchten, bis der Abend nahte. Schlussendlich mussten sie jedoch die Suche für den Tag aufgeben und sie beeilten sich, den finsteren Wald vor Sonnenuntergang zu verlassen. Betrübt kehrten sie mit der schlechten Nachricht zum Schloss zurück, wo die Königin in Sorge um ihren Mann und ihre Söhne bittere Tränen vergoss. „Nur du bleibst mir nun noch, mein kleiner Dummling!", schluchzte sie.

An den folgenden Tagen brach die Jagdgesellschaft jeden Morgen von Neuem auf, um ihren König und die vermissten Königssöhne zu suchen. Auf der Lichtung, da sie sie zuletzt gesehen hatten, begegneten ihnen am dritten Tage drei Hirsche. Eines der Tiere war ungewöhnlich schön, das zweite besonders groß und kräftig. Das Fell des dritten Hirschs war von weißen Haaren durchzogen, seinen Kopf krönte ein mächtiges Geweih. Eine Weile beobachteten sie die majestätischen Tiere beim friedlichen Grasen, ehe sie sich wieder auf die Suche machten. Diese jedoch blieb erfolglos.

Am siebten Tage schließlich verließ der Dummling das Schloss, um sich selbst auf die Suche nach seinem Vater und seinen beiden Brüdern zu begeben. Auch sein Weg führte ihn zu der Lichtung. Als er sich dort einen Moment niederließ, um zu rasten, da vernahm er aus dem Stamm eines Baumes ein leises Wimmern. Er trat näher, beugte sich hinab und lugte in den Schatten des Hohlraums. Darin saß ein kleines Haselmäuschen, das die erbärmlichen Laute von sich gegeben hatte. Mit großen, braunen Augen blickte es zu ihm auf. „Hilf mir!“, wisperte es. „Mein Fuß steckt fest. Seit Tagen kann ich mich nicht bewegen.“ Schnell hatte der Dummling die Ursache gefunden: Die Pfote der Maus steckte zwischen den Baumwurzeln und einem Stein, der sich dort verkeilt hatte, fest. Vorsichtig lockerte er den Stein, der sich mit einem kleinen Ruck löste. Das kleine Wesen war wieder frei! Überglücklich kam das Mäuslein aus der Baumhöhle hervorgekrochen, reckte und streckte sich und bedankte sich immer wieder bei seinem Retter.

Die ganze Zeit über war der jüngste Königssohn jedoch still geblieben, denn die Sorge um seine verschwundene Familie hatte ihn verstummen lassen. Nachdenklich musterte das Haseltier den jungen Mann und fragte schließlich: „Was bedrückt dich so, mein großer Freund?“ Zögernd antwortete dieser: „Vor sieben Tagen sind mein Vater und meine beiden Brüder in diesem Wald verschwunden und nicht wieder zurückgekehrt.“ Das Tierchen machte ein nachdenkliches Gesicht und sprach: „Da du mir in meiner Not geholfen hast, lass mich sehen, ob ich auch dir behilflich sein kann!“ Mit diesen Worten verschwand es wieder im Baum, um kurz darauf mit einer gläsernen Laterne zwischen den Zähnen wieder hervorzukommen. „Wache drei Nächte allein auf dieser Lichtung“, sprach es geheimnisvoll, „und deine Familie wird zurückkehren.“ Im Schein der Laterne, erklärte das Haselmäuschen, könne er von dem im Wald hausenden Schatten nicht entdeckt werden. Zum Abschied verriet es ihm noch ein Sprüchlein, mit dem er die gläserne Laterne bei Sonnenuntergang würde entzünden können.

Als es Abend wurde, setzte sich der junge Königssohn also auf die Lichtung und sagte mit fester Stimme den Vers auf: „Flamme renne, Lichtlein brenne, auf dass er mich nicht erkenne.“ Schon flog ein Fünkchen von der gerade ersterbenden Sonne herbei und ließ sich inmitten der gläsernen Lampe nieder. Darin brach sich das Licht tausendfach und erleuchtete die Umgebung in den Farben des Sonnenuntergangs. Außerhalb des Lichtscheins jedoch zog Dunkelheit herauf und ein riesiger Schatten huschte suchend umher. Tapfer wachte der Königssohn die ganze Nacht, bis die ersten Strahlen des Tages die Baumwipfel erleuchteten und das Flämmchen aus der Lampe zurück zur Sonne rannte. Dies wiederholte sich auch am folgenden und am darauf folgenden Abend. Immer sagte er sein Sprüchlein auf, „Flamme renne, Lichtlein brenne, auf dass er mich nicht erkenne“, und harrte im Lampenschein aus, selbst wenn der Schlaf ihn zu übermannen drohte. Als sich die dritte Nacht ihrem Ende näherte, tobte und brüllte das Schattenwesen immer heftiger, da es die Anwesenheit des Jünglings spürte, ihn jedoch nicht finden konnte. Der Schatten wütete, bis beim ersten Morgenrot das gläserne Licht urplötzlich wie tausend Sonnen erstrahlte und daraufhin friedliche Stille einkehrte. Der Schatten war vertrieben worden und der Zauber vom Wald abgefallen. Da fanden all die Unglücklichen, die über viele Jahre im Wald verschwunden waren, zurück in ihre menschliche Gestalt. Die drei Hirsche verwandelten sich wieder in die Königfamilie und kehrten zusammen mit dem jüngsten Sohn, den nunmehr niemand Dummling nannte, zurück ins Schloss. Das Haselmäuschen aber fand zurück in die Gestalt einer wunderschönen Prinzessin. Sie und der Jüngling gefielen einander und schon bald wurde eine prächtige Hochzeit gehalten. Noch viele Jahre später regierten sie gemeinsam das Land in großer Weisheit. Und wenn sie nicht gestorben sind, dann leben sie noch heute.

3

Einleitung: Problem	Eines späten Herbsttages waren in Schilda die Kornspeicher leer. Auch konnten die Bauern kein neues Getreide einholen, denn die Felder waren bereits abgeerntet. „Wir müssen dringend unsere Kornspeicher wieder auffüllen“, klagten sie, „sonst hungern wir alle im Winter.“ Das wollten die Schildbürger natürlich nicht. Denn gerade im Winter, wenn kein Obst und Gemüse wuchs, aßen sie viel Brot und Getreidebrei. „Wir hätten die Mäuse nicht so viel Korn fressen lassen dürfen“, jammerten sie weiter, „dann hätten wir genug für den Winter!“ Doch daran war nun nichts mehr zu ändern.
Idee zur Lösung des Problems und Umsetzung der Idee	Also überlegten die Schildbürger, wie sie ihre Kornspeicher wieder gefüllt bekämen. „Wir müssen einfach neues Getreide aussäen, damit wir im Winter ernten können“, meinte einer. Doch die schlauen Bewohner Schildas wussten, dass es dafür zu kalt war. Da hatte eine alte Magd eine Idee: „Wir müssen dafür sorgen, dass das Korn warm gehalten wird, damit es wächst! Unsere Hühner könnten das Korn wärmen und ausbrüten, so wie sie es mit den Eiern tun!“ Alle Schildbürger waren begeistert von dem Vorschlag. Sie verabredeten deshalb, am nächsten Tag alle Hühner Schildas zum Gemeindeacker zu bringen. Und so geschah es auch.
Neues Problem	Die Schildbürger trugen über 300 Hühner zusammen und setzten sie auf dem Acker aus. Doch die Hühner flatterten und rannten wie wild umher, da sie so viel fremde Gesellschaft nicht gewohnt waren. Sie wollten einfach nicht auf dem vorgesehenen Acker bleiben und liefen in alle Richtungen davon. Mühsam mussten die Schildbürger daraufhin alle Hühner wieder einfangen.
(Scheinbare) Lösung des neuen Problems	Da sprach ein Schäfer: „Wenn ich will, dass meine Schafe nicht weglaufen, dann zäune ich sie ein. Warum bauen wir nicht ein Gatter um das Feld?“ Gesagt, getan. Unter Anleitung des Schäfers trugen die Schildbürger Holzlatten, Hämmer und Nägel zusammen und bauten einen Zaun um den Acker. Stolz betrachteten sie am Abend ihr Tagwerk, setzten die wieder eingefangenen Hühner in die Einfriedung und gingen erschöpft, aber zufrieden zu Bett. Am nächsten Morgen wollten sie endlich das Getreide für den Winter aussäen. Als sich jedoch die Bürger in der Früh vor dem Acker versammelten, stellten sie fest, dass erneut viele Hühner ausgebrochen waren und

	außerhalb der Umzäunung umherliefen. Die niedrige Umzäunung hielt zwar dumme Schafe zurück, die Hühner aber waren einfach hinübergeflattert. So blieb den Einwohnern Schildas nichts anderes übrig, als Pflöcke in den Acker zu treiben und jedes Huhn einzeln mit einem Strick daran festzubinden. Die Arbeit war anstrengend und dauerte einen ganzen Tag. Da die Schildbürger nicht dumm sind, wollten sie mit der Aussaat aber bis zum nächsten Morgen abwarten und sehen, ob die Tiere nun auch wirklich an Ort und Stelle blieben.
Scheinbarer Erfolg, ursprüngliches Problem kurz vor Lösung	Aufgeregt liefen die Bürger in aller Frühe zum Feld und stellten glücklich fest, dass sie alles vorfanden wie am Abend zuvor. Die Hühner waren angebunden auf dem Acker, sodass die Bauern nun endlich beginnen konnten, das Getreide zu säen. Sie streuten ihre restlichen Kornvorräte auf den Acker, damit es, gewärmt von den Hühnern, wachsen könne. Nun mussten sie nur noch abwarten. In Gedanken malten sich die Schildbürger bereits aus, wie sie im Winter bergeweise warmes Brot und süßen Kuchen essen würden.
Endgültiges Scheitern	Nach einigen Wochen schließlich machten sie sich auf, um das Wachstum ihres ausgebrüteten Getreides zu überprüfen. Dazu scheuchten sie die Hühner voller Vorfreude vom Feld, um nach den Getreidepflanzen sehen zu können. Als die Bewohner Schildas da aber auf einen vollkommen leeren Acker blickten, waren sie ratlos. Sie konnten einfach nicht verstehen, weshalb auf ihrem Feld nichts gewachsen war. Ein Wanderer aber, der gerade des Wegs kam, fragte die umherstehenden Schildbürger: „Was starrt ihr so auf den zerfurchten Acker?“ „Wir haben unsere letzten Vorräte an Korn auf dem Feld ausgesät“, erwiderte ein Bauer, „und es von unseren brütenden Hühnern wärmen lassen, damit es auch im Winter wächst. Aber es ist kein Getreide gesprossen!“ Da konnte sich der Wanderer kaum halten vor Lachen und meinte nur noch: „Ihr werdet im Winter zwar kein Korn haben, dafür aber fette Hühner, die eure Mägen füllen!“
Schluss: Auflösung	Ihr wisst selbstverständlich, was mit dem ausgestreuten Korn passiert ist. Die Hühner haben es gefressen und sind dadurch nicht nur satt, sondern auch dick geworden. Dass es so enden musste, war uns natürlich klar. Aber wir sind ja auch viel schlauer als die Schildbürger!

Schildern, inneren Monolog und erlebte Rede nutzen

61

■ Ich-Erzählerin geht im Dunkeln allein den „Wolfssteig" entlang	3
■ kurz vor Einbruch der Dunkelheit, ganze Klasse am Waldrand	1
■ Ich-Erzählerin neu an der Schule, will sich beweisen	E
■ kurz vor Mitternacht, Taschenlampe geht aus	4
■ Lichtschein einer Taschenlampe, Mitschülerin erscheint und hilft	6
■ Ich-Erzählerin gibt ihr Handy ab, nimmt Taschenlampe	2
■ Mutprobe nur halb bestanden, aber Freundin gewonnen	S
■ Ich-Erzählerin verirrt sich, ist verzweifelt	5

62

Ohne Fallschirm aus einem Flugzeug gestoßen werden. In einem Affenzahn mit einem Auto herumrasen, das sich um keinen Preis lenken lässt. Ins tiefe Wasser geworfen werden, obwohl man nie schwimmen gelernt hat. Sich in einer fremden Stadt verirren und niemanden nach dem Weg fragen können, weil alle japanisch sprechen. So fühlte es sich an. Und zwar alles davon gleichzeitig.
Ich wusste nicht, **wer ich war, wo ich war** und **wie ich** an diesen verlassenen Ort geraten **war**. Aber dass mir **fast der Schädel platzte vor Schmerzen**, das **wusste ich**. Es war, **als hätte man mir mit einem Hammer alle Erinnerungen herausgeschlagen** – und sosehr ich mich auch anstrengte, ich konnte sie nicht wiederfinden. **Alles war** auf einmal vollkommen unsicher, **Geheimsprache** und nicht zuverlässig. Ich war da und doch nicht wirklich, und das verursachte schon ein ziemlich **gruseliges** Gefühl. **Mehr als gruselig.** Ehrlich gesagt, **machte ich mir vor Angst fast in die Hosen** – eine **ausgefranste** Jeans, die mir auch nicht allzu bekannt vorkam. Ich sehnte mich nach einem sicheren Ort, einem Bett oder notfalls einer Höhle, in der ich mich verkriechen konnte, aber auf dieser **endlosen** **gelben** Grasebene gab es nichts, was Schutz bieten konnte. **Kein Haus, kein Bauernhof, nicht mal ein Schuppen.** Nur ein **endloser** Asphaltstreifen, der die **kahle** Landschaft spaltete. **Die Luft darüber wirkte flüssig in der Hitze. Ich selbst übrigens auch. Mein Hemd [...] klebte mir am klatschnassen Rücken.** Der Ärmel war eingerissen und **die Haut** darunter **aufgeschürft**.
Hatte ich einen Unfall gehabt? War ich auf den Kopf gefallen und hatte durch den Schlag mein Gedächtnis verloren?

bildhafte Vergleiche
Redewendungen
unvollständige Sätze
verstärkende Wiederholungen
Sinneswahrnehmungen
Metapher
anschauliche Adjektive
siehe Aufgabe 68

Mirjam Mous: Boy 7. Vertraue niemandem. Nicht einmal dir selbst. Aus d. Niederländischen von Verena Kiefer. Würzburg: Arena, 2011.

63

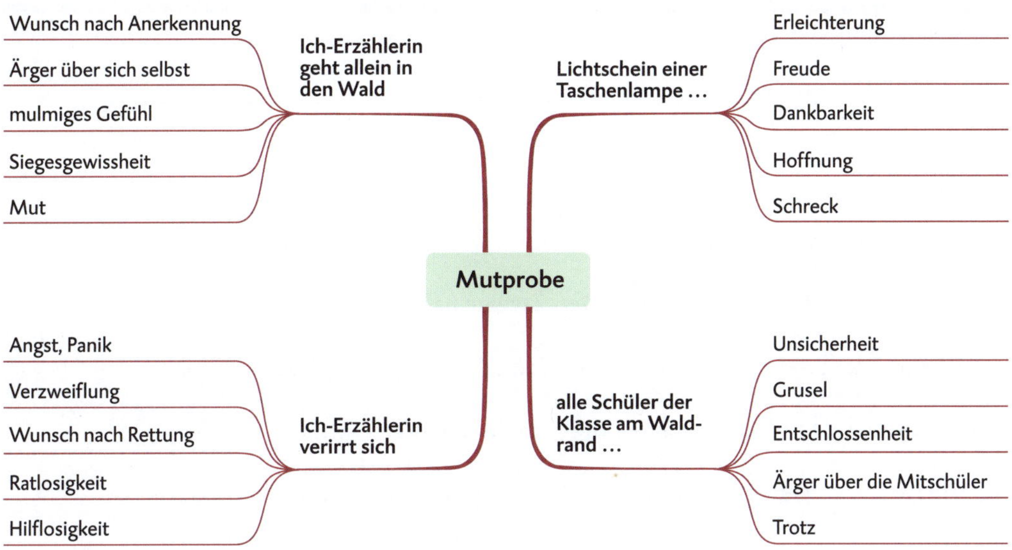

64 finster, gruselig, neblig, düster, dämmerig, schummerig, gespenstisch, schwarz, schwärzlich, grau, geisterhaft, schaurig, stockduster, undurchdringlich, beklemmend, grausig …

65

Sinn	Sinneswahrnehmungen nachts im Wald
Was sieht die Ich-Erzählerin?	■ Zittern der Blätter im Wind ■ Lichtschein der Taschenlampe ■ Mond über dem Wald ■ Sternbilder am Himmel ■ Umrisse vereinzelter Nachtvögel am Himmel ■ bläuliche Schatten von Bäumen und Sträuchern
Was hört sie?	■ Äste und Zweige knacken ■ Blätter rauschen, Wind pfeift durch die Bäume ■ Nachtvögel rufen, Hirsche röhren, Wölfe heulen ■ Knistern, Rascheln im Unterholz ■ den eigenen Atem
Was riecht sie?	■ Moder, Moos, Duft von Tannennadeln
Was fühlt sie?	■ Kühle, Feuchtigkeit, Tau ■ Windhauch im Gesicht ■ Spinnweben, Zweige, Blätter, wenn sie durchs Dickicht streift ■ matschiger, moosiger, unter den Schritten nachgebender Waldboden ■ Wurzeln und Steine, über die sie stolpert ■ Schweiß auf der Stirn vor Anstrengung ■ Angst: verschwitzte Hände, Kloß im Hals, mulmiges Gefühl

66
- Mir standen die Haare zu Berge. .... **R**

66
- Der Nebel kroch an den Stämmen der Bäume hinauf. .... **P**
- Überall ragten knorrige Wurzeln wie die Schwänze versteinerter Drachen in den holprigen Weg. .... **V**
- Ich hatte Puddingknie. .... **M**
- Dornige Sträucher reckten ihre dürren Zweige nach mir. .... **P**
- Es lief mir kalt den Rücken hinunter. .... **R**
- Ich spürte das modrige Moosbett unter meinen Füßen. .... **M**
- Wie riesige Ungeheuer ragten die Fichten vor mir auf. .... **V**
- Die Angst saß mir im Nacken. .... **P**

67 In dieser Nacht schien kein Mond, es war dunkel, ~~sehr finster~~ **stockdunkel**. Nervös lauschte ich auf die Geräusche des nächtlichen Waldes. ~~Ich hörte den langgezogenen~~ **Der langgezogene** „Uhh"-Ruf eines Käuzchens. ~~Dann vernahm ich das~~ **Das** Knacken dürrer Zweige unter meinen Tritten. Da ~~war noch etwas~~! Lauerte da etwa ein Gespenst? **Puh!** Zum Glück war es nur die Silhouette eines abgebrochenen Astes. ...

68 [X] Eine Mischform aus innerem Monolog und erlebter Rede

Diese Textstelle (der Schluss des Auszugs) muss markiert werden:
Hatte ich einen Unfall gehabt? War ich auf den Kopf gefallen und hatte durch den Schlag mein Gedächtnis verloren? *(vgl. Seite 140)*

69

Erzählausschnitt	innerer Monolog	erlebte Rede	Mischform	Begründung
Und jetzt? Auf eine Mitfahrgelegenheit konnte man hier vermutlich lange warten. Laufen war auch keine Alternative. Hätte er doch bloß sein Handy!	[ ]	[X]	[ ]	Er-Form, Präteritum
Soll ich meinen Rucksack öffnen? So ein Mist, der Verschluss klemmt. Ja, ein Klicken. Da ist ja eine Flasche drin. Wasser!	[X]	[ ]	[ ]	Ich-Form, Präsens
Warum musste das ausgerechnet mir passieren? Ich musste künftig vorsichtiger sein.	[ ]	[ ]	[X]	Ich-Form, Präteritum
Sollten die Hausaufgaben doch die anderen machen. Ihre Energie war erschöpft, die Arbeit war zu hart gewesen.	[ ]	[X]	[ ]	Er- bzw. Sie-Form, Präteritum

70 **b** Wie weit war es wohl noch? War ich auf dem richtigen Weg?

c Was lauert da im Unterholz? Ist das ein Gespenst? Mein Herz rast.

d Hoffentlich konnte ich sie heute beeindrucken. Nach dieser Mutprobe mussten sie mich doch einfach akzeptieren.

71 *So könnte der Hauptteil der fertigen Geschichte aussehen:*

Die Mutprobe – Nachts allein im Wald

... Aber mein Entschluss stand fest, ich wollte die Mutprobe bestehen.

Es war jetzt ungefähr 23 Uhr, der Weg durch den Wald würde wohl eine Stunde dauern, also nahm ich meinen ganzen Mut zusammen und lief los. Ich hatte meine Taschenlampe dabei, und am Anfang hörte ich auch noch die Stimmen der anderen vom Waldrand her; so ging es besser als gedacht. Ich stieg über knorrige Baumwurzeln, manchmal trat ich in Matschpfützen und vor lauter Anstrengung nahm ich die Geräusche des nächtlichen Waldes um mich herum kaum wahr.

Aber auf einmal wurde das Licht meiner Lampe schwächer und wenige Minuten später erlosch es. „Bestimmt ist die Batterie verrutscht", sprach ich mir Mut zu und versuchte die Lampe in der Dunkelheit zu öffnen und die Batterien wieder einrasten zu lassen. Doch – ich hatte es geahnt – es lag nicht daran, dass die Batterien den Kontakt verloren hatten. Sie waren einfach leer! Einen Ersatz hatte ich natürlich nicht dabei, auch kein Handy, denn das war die Bedingung gewesen, auf die wir uns geeinigt hatten: das einzige Hilfsmittel auf dem Weg sollte die Taschenlampe sein. Dass sie mich im Stich lassen würde, damit hatte ich natürlich nicht gerechnet. Jetzt hieß es Ruhe bewahren und dem Weg weiter folgen. Natürlich würde es schwierig sein, mit all den Hindernissen, und es würde viel länger dauern als geplant. Ich stolperte also auf gut Glück los, versuchte mich am Himmel zu orientieren, aber irgendwann merkte ich, dass ich mich hoffnungslos verirrt hatte: Das war ja gar kein Weg mehr, das war nur noch Dickicht, fast undurchdringliches Dickicht und schwarze Finsternis.

Am liebsten hätte ich mich auf den Boden gesetzt und geweint, aber mein Stolz trieb mich weiter vorwärts. Mit einem Ast, den ich von einem Baum abgebrochen hatte, bahnte ich mir rücksichtslos den Weg durchs Unterholz. Irgendwann musste doch auch dieser Wald zu Ende sein. Und meine Hartnäckigkeit wurde belohnt: plötzlich sah ich in der Ferne einen schwachen Lichtschein, wie von einer Taschenlampe. Zuerst dachte ich an Räuber oder Wilderer und wollte schnell weglaufen. Doch dann hörte ich rasche Schritte näher kommen und jemand rief: „Greta, bist du das?" Es war Miriam!

Ein paar Sekunden später war Miriam bei mir und wir umarmten uns erleichtert. ...

Test 5

1

Romanauszug	Mittel des Schilderns
Jedenfalls **schob** ich **mich** durch das Laub, **kletterte** über einen umgestürzten Baumstamm, **der weich war von Moder und Moos**, und **stieß** **einen Vorhang aus dicken, fleischigen Blättern** **beiseite**. **Und stand plötzlich auf einer freien Fläche.** Wahrscheinlich ist das für dich nichts Besonderes. Aber wenn du den **Dschungel** kennen würdest, **fiele** es dir **schwer**, mir zu glauben, weil eine freie Fläche im **Dschungel** einfach nicht existiert. **Etwas, irgendetwas** wird jede Fläche **besetzen**, wo es Licht findet, um zu leben und zu wachsen. Aber da war die Lichtung, und sie war mit **Gras** **bedeckt**. **Ja, Gras. Kurzes Gras, Rasen. Unmöglich. Vollkommen unmöglich.** Ganz langsam **trat** ich auf dieses **Gras**; diese Lichtung **erschreckte mich** viel mehr als **jede** Pflanze, **jedes** Wesen, das mir im **Dschungel** selbst begegnet war. **Und sie war sehr, sehr still. Das Sirren und Knacken und Rufen und Kreischen des Waldes** **verschwamm** und **verstummte** schließlich.	**treffende Verben** **anschauliche Adjektive** **Sinneswahrnehmungen** **Sprachbild (Metapher)** **unvollständige Sätze** **Gefühle** **verstärkende Wiederholungen**

2 *Mögliche Lösung (Originaltext aus dem Roman):*

Erst schaute ich nach links und sah, dass die Lichtung an einer **dichten**, **schattigen** Baumwand endete. Dann schaute ich nach rechts. Und erstarrte.
Dort stand, mit der Rückseite zu den Bäumen, ein Tor. Ein Fußballtor. [...] Mein Gehirn **stand still**. Ich hörte mein Blut **rauschen**. Ich muss ausgesehen haben wie ein Idiot, wie ich so mit **aufgeklapptem** Mund da **hinstierte**. Schließlich riss ich mich zusammen und ging ein paar Schritte auf dieses Tor zu, dieses völlig **unmögliche** Tor. Das Holz war **silbriggrau**, seine Maserung offen und grob. **Verwittert** wie das Holz alter Boote, die viele Jahre auf dem Strand gelegen haben. Es schimmerte leicht. Das Netz war von der gleichen **silbergrauen** Farbe, wie Spinnweben, und an den beiden Pfählen, die ihm als Befestigung dienten, wuchsen **dünne**, **grüne** Ranken hinauf.

3 *Aber dann stürzte ich auch schon durch den Blättervorhang und flog über den faulenden, bemoosten Baumstamm und rannte stolpernd in die Richtung, wo ich hoffte, betete, dass mein Haus war.*
Die fleischigen Blätter üppiger Regenwaldpflanzen peitschten mein Gesicht, während ich in wilder Flucht vorwärtsstürzte. Der Wald begann wieder zu knacken, zu rascheln und zu rufen, Vögel flogen kreischend vor mir auf, meine Füße klatschten in Wasserpfützen und braunen Matsch, aber ich hatte nur einen Gedanken: weg von hier, nach Hause. Hätte ich mich doch nie von dem bekannten Pfad entfernt, hätte ich meine Neugier doch bezähmt, so schrie es in mir. Meine Wangen brannten, der Schweiß rann mir beißend in die Augen, und plötzlich erblickte ich in der Ferne etwas Weißes, das durch die Blätter schimmerte: unser Haus. Heftig atmend sank ich direkt vor der Tür ins Gras.
In jener Nacht in meinem heißen, dunklen Zimmer zitterte ich, als hätte ich Fieber.

Mal Peet: Keeper. Aus dem Englischen von Eike Schönfeld. Hamburg: Carlsen, 2006, S. 20–23 (alle auf dieser Seite).